EX BIBLIOTHECA ARM·JUL·
PRINC·DE ROHAN ARCH·DUC·...

HISTOIRE DE L'ANIMAL,

OU

LA CONNOISSANCE DU CORPS ANIME' PAR LA MECHANIQUE, ET PAR LA CHYMIE.

PAR DANIEL DUNCAN,
Medecin de la Faculté de Montpellier.

A MONTAUBAN,

Chez SAMUEL DUBOIS Imprimeur & Libraire ordinaire du Roy, de Monseigneur l'Illustrif. & Reverend. Evêque & de la Ville. 1686.

AVEC PERMISSION.

A MONSEIGNEUR
J. BAPTISTE
MICHEL
COLBERT,
EVESQUE
ET SEIGNEUR
de Montauban, Conseiller du Roy en ses Conseils, & aux Parlemens de Paris & de Toulouse.

MONSEIGNEUR,

Ie me rendrois encore plus indigne de Vôtre protection puis-

A ij

santé dont je viens de ressentir les effets, tout inconnu que j'étois à Vôtre Grandeur, si je ne cherchois avec empressement les occasions de vous en témoigner ma reconnoissance. Mais que vous rendray-je, MONSEIGNEUR, pour une grace si precieuse ? Quand je mettrois à vos pieds tout ce qui depend de moy, l'hommage seroit encore trop petit pour Vôtre Grandeur, & je ne vous donnerois que ce qui est déja à Vous par le droit de la conservation. Mais cette consideration ne doit pas m'empêcher de vous offrir le fruit de mes meditations. L'or, l'encens & la myrrhe que les Mages porterent à JESUS-CHRIST, étoient sans doute à ce Sauveur *du Monde*, qui ne laiſſa pas de leur en ſçavoir bon gré, & ſon Pere Eternel reçoit favorablement de nos mains ſes propres dons dans tous les Actes de nôtre reconnoiſſance, & de nôtre pieté. Ie ne fairay donc pas difficulté, MONSEIGNEUR, de preſenter à Vôtre Grandeur une choſe qui luy appartient, en luy faiſant hommage de ce Livre, pour vous témoigner combien je ſuis ſenſible à cette grace prévenante, qui n'a point trouvé d'autre motif en moy, que mon propre malheur. Le preſent eſt trop petit pour Vous, MONSEIGNEUR, mais il eſt aſſez grand pour moy, qui ne puis pas le faire d'une plus grande valeur. S'il dépendoit de moy de luy donner un prix proportionné à Vôtre Dignité & à ma reconnoissance, ie suis asseuré que Vôtre Grandeur auroit suiet d'en être contente. Pour le rendre moins indigne de vous être offert, ie voudrois bien l'accompagner des éloges que meritent les grands soins que Vous prenez de vôtre Troupeau, les services importans que Vous rendez à Sa Maiesté, & l'attache inviolable que Vous avez pour ses interests, tant dans l'Assemblée des Etats, que par tout où Vous en trouvez l'occasion ; & enfin toutes ces grandes vertus qui font voir que Vôtre Grandeur est animée du même sang, & du même esprit que ces grands Ministres qui, par leurs sages conseils, ont tant contribué au bonheur de la France. Mais, éblouy par l'éclat de ces grands obiets, & effrayé par la grandeur de mon entreprise, ie demeure tout interdit, aimant mieux qu'on m'accuse de foiblesse que de temerité, pour n'avoir pas osé commencer un Panegyrique que ie ne sçaurois achever. Et si l'on fait reflexion que ce n'est que la richesse de la matiere qui iette mon esprit dans la pauvreté & dans la sterilité, on trouvera que ie Vous loüe mieux par mon silence, que par le discours le plus sublime & le plus poly, qui n'est point du tout necessaire pour Vous persuader, comme ie le fouhaite, que ie veux être toute ma vie avec un profond respect,

MONSEIGNEUR,

Vôtre tres-humble, tres-obeïssant
& tres obligé serviteur.
DUNCAN.

PREFACE.

LE principe de la vie est une matiere subtile extremément active, qui se trouve emprisonnée dans les parties embarrassantes de la matiere grossiere. C'est ce que Descartes appelle son premier élement, & Gassendy, aprés Epicure & Democrite, ses atomes actifs, dont l'efficace consiste dans le mouvement actuel, ou dans la grande disposition qu'ils ont à se mouvoir. C'est l'air ou le feu des Peripa-

PREFACE.

teticiens. C'est l'Esprit, le Mercure ou l'Essence des Chymistes. Ils la nomment Esprit à cause de sa subtilité, qui la rend semblable au vent, avec lequel ce nom luy est commun dans la langue Latine. Elle prend le nom de Mercure de son activité, & de son mouvement continuel, soit par rapport au Mercure des Poëtes, qui ne le laissent jamais en repos, luy faisant faire l'office de courrier ou de messager des Dieux, soit par rapport au Mineral qui porte le même nom, & qui ne sçauroit demeurer un moment en repos, si quelque autre corps ne l'arrête. Enfin, on luy donne

Spiritus, signifie le vent aussi biē que l'ame ou l'esprit.

PREFACE.

donne le nom d'Essence, parce que c'est elle qui détermine la matiere à une certaine espece. Et c'est la raison pour laquelle quelques-uns l'ont appellée forme.

Cette substance déliée étant repanduë dans toute la masse de la matiere, il n'est point de corps qui n'en contienne quelque peu. En sorte que la racine ou la semence de la vie est cachée dans le sein des corps même qui ne vivent point, comme le feu dans un caillou qui ne brûle pas. C'est l'esprit universel, qui penetre toute la masse des corps, & qui leur donne toute l'efficace & la vertu qu'ils ont. En

PREFACE.

ce sens on pourroit l'appeller avec un Ancien, l'ame de tout le monde materiel, si l'on prend ce mot pour une matiere subtile, qu'on conçoit sous l'idée d'un vent, comme le nom que les Latins luy donnent semble l'insinuer, descendant d'une racine Greque, qui signifie ce meteore invisible.

Anima, de Ἄνεμος

Mais si tous les corps ont dans leur sein la semence de la vie, pourquoy ne vivent-ils pas tous?

Parce que cette semence n'a pas encore germé, cette racine n'a pas encore poussé la tige; en un mot, ce principe de la vie n'est pas assez libre

PREFACE.

ou dégagé pour produire son effet dans tous les corps. Le feu qu'une pierre à fusil cache dans son sein, ne commence à l'enflammer que quand il a été développé par la brêche qu'un corps plus dur a fait à sa prison dans un frotement rude. La graine qui porte le principe de la vie vegetative, ne vit pas pourtant jusqu'à ce qu'elle ait germé par le dégagement & l'exaltation de ce principe. La semence de l'animal grosse de l'esprit qui produit la vie animale, ne vit pas non plus, quoy-qu'elle contienne la cause de la vie, parce que ce principe n'est pas assez développé, & parce

PREFACE.

qu'il ne trouve pas encore dans son sujet la disposition necessaire pour y produire les actions dans lesquelles la vie animale consiste.

On peut donc considerer ce principe de la vie dans trois états differens. Dans le premier il est tellement enveloppé des parties grossieres, qu'il est comme captif & lié, sans mouvement & sans action. Cet Auteur de la vie est en quelque façon demy mort, & comme ensevely dans le sujet qui le contient. Et c'est peut-être dans cette vûë que les Grecs donnent à tous les corps un nom qui fait allusion à celuy qui signifie un Cœme-

Σωμα-
τα,
quasi
Σημα-
τα.

PREFACE.

tiere. Origene a dit fort ingenieusement, que les ames étoient ensevelies dans les corps comme dans autant de tombeaux. De sorte que la vie du corps étoit en quelque façon la mort & la sepulture de l'ame, au lieu que la mort du corps étoit la resurrection de l'ame, qui sortant de ce tombeau qu'elle animoit auparavant, s'envoloit dans le Palais de la vie éternelle.

Cette allegorie se peut appliquer encore plus justement à cet esprit materiel, qui vivifie le corps aprés avoir été dégagé de ses entraves. Car, 1. Avant ce dégagement, il est dans le corps comme dans

PREFACE.

son tombeau, sans action & sans mouvement. Au lieu que l'ame spirituelle, toute ensevelie qu'elle est dans le corps, ne laisse pas d'agir, & de souffrir même en quelque maniere, les mouvemens des passions. 2. La durée ou la subsistance des corps qui couvent cet esprit dans leur sein, est comme sa mort & sa supulture, parce qu'il demeure demy mort, & comme enseveli tant que les parties de ces corps gardant leur scituation & leur arrengement, le détiennent dans leurs secrets recoins comme dans autant de petits cachots. Mais la destruction de ces corps est sa resurrection

PRÉFACE.

& sa vie, parce que la division des parties qui les composent, ouvre ces tombeaux ou la porte des prisons qui le tenoient captif.

Il n'est pas plûtôt en liberté, qu'il commence à agir. Et son efficace croit à proportion de son dégagement, que les Chymistes appellent exaltation, pour insinuer que par cette operation il monte de ses profonds recoins comme d'une basse fosse, & que par cette ascension ou resurrection, il gagne le dessus à tous les autres principes. Quand il en est le maître, il donne un nouvel arrengement à toutes les parties, & par consequent

PREFACE.

une nouvelle face à tout le sujet. C'est ce changement de forme qui s'appelle generation, & qui suppose la destruction d'une forme, & la naissance ou la production d'une autre, selon la maxime de l'Ecole, *Generatio unius est destructio alterius.*

Cet esprit qui produit cette metamorphose, est donc un ressuscité qui vivifie son tombeau, en luy faisant part de sa vie qu'il doit à son développement. C'est un Architecte qui n'est pas plûtôt né, qu'il commence à se bâtir une maison, ou pour mieux dire, qui n'est pas plûtôt ressuscité, qu'il se fait de son tombeau une

PREFACE.

une maison commode. C'est un habile Organiste qui forme les organes & les ressorts qu'il doit faire joüer luy-même. C'est pourtant un Ouvrier aveugle. Mais son action est conduite & reglée par l'Intelligence souveraine de la Sagesse même, qui luy donna en le creant l'espece & le degré de mouvement propre à produire toutes ces operations. C'est un aveugle à la verité ; mais cependant il agit avec plus de justesse, que s'il y voyoit parfaitement, parce qu'il a pour guide celuy qui voit tout en un clin d'œil, & qui donne la vûë & la connoissance à tout ce qui voit & connoît.

PREFACE.

Sous la direction infaillible de cet Architecte adorable, il donne aux materiaux de sa maison, c'est à dire, aux parties de son sujet, cette figure & cette scituation, qui luy peuvent rendre l'édifice plus commode. Si c'est l'esprit vegetal, il met les parties de la matiere dans cet arrengement duquel resulte la figure de la plante. Si c'est l'esprit animal, il donne aux parties de la matiere cette disposition, de laquelle depend la nature & la force des organes, avec la figure & les autres proprietez de l'animal, qui n'en sont que des suites naturelles.

Afin que l'un & l'autre pro-

PREFACE.

duisent cette action, & pour avoir le mouvement libre, il faut qu'ils soient débarrassez des parties grossieres, qui leur servoient d'entraves. Ce dégagement ne se peut faire que par la division, & celle-cy que par la fermentation. C'est aussi le moyen que la Nature employe ordinairement pour ouvrir la prison à ces captifs, qu'elle veut mettre en liberté, pour s'en servir dans ses productions.

Mais parce que l'esprit animal est au commencement plus engagé dans la matiere que le vegetal, ce dernier n'a pas besoin d'une si longue suite d'operations pour s'en dé-

PRÉFACE.

gager. La même matiere porte dans son sein l'un & l'autre de ces esprits. Les premieres fermentations qu'elle souffre dans les entrailles de la terre, en exaltent le vegetal. Mais elles y laissent encore l'esprit animal engagé dans les liens des principes passifs. Pour l'en tirer, la Nature fait sublimer la matiere, qui le porte, dans le corps des plantes, où elle rencontre divers levains qui la font fermenter de nouveau, pour la décharger ensuite par la precipitation, & par la filtration des corps grossiers qui empêchent l'exaltation de l'esprit. En sorte que toutes ces operations sont au-

PRÉFACE.

tant de degrez par lesquels l'esprit monte vers sa perfection, qui consiste dans un parfait dégagement. Et l'on peut dire même que la production de la vie vegetative, est le chemin à la vie animale, puisque les mêmes operations qui achevent l'exaltation de l'esprit vegetal, commencent & avancent celle de l'esprit animal caché dans le même sujet.

Quand donc l'animal se nourrit de la plante, il profite de toutes les operations que la vie vegetative y a produites, pour le développement de l'esprit qui le doit animer. Il ne fait que continuer l'ope-

PREFACE.

ration qui s'étoit commencée dans le vegetal. L'Auteur de la Chymie Naturelle, met la matiere de la plante dans le corps de l'animal comme dans un nouveau laboratoire, où l'esprit animal acheve de s'exalter par de nouvelles fermentations, precipitations, filtrations, sublimations, cohobations, circulations.

Et peut-être que l'esprit animal & le vegetal, ne sont qu'un seul & même esprit, & qu'ils ne different que par leurs divers degrez d'exaltation, ou de rafinement. Ce principe caché dans la matiere, qui n'est pas encore passée par le corps du vegetal, est

PREFACE.

comme le feu caché dans le bois, qui ne brûle pas encore. Le même développé en partie par les operations vegetales, est comme le feu dans un tison ardent. Et le même esprit encore plus dégagé & rectifié dans l'alembic de l'animal, est comme la flamme. Et comme ces differens états du feu n'en changent pas la nature, aussi les divers degrez de rafinement n'empêchent pas que ce ne soit le même esprit.

La comparaison me paroît juste jusques là, mais elle est asseurement outrée, quand on compare la connoissance à la lumiere qui part de la flamme. La colomne de sang, qui s'é-

PREFACE.

leve du cœur vers la tête, est, dit-on, comme une chandele, le sang le plus subtil qui se repand dans les vaisseaux les plus déliez du cerveau, en est comme la flamme, & les esprits qui en partent, sont comme les rayons de lumiere que la flamme de la chandele pousse tout autour. Pour adopter cette belle allegorie, on souhaiteroit bien que la matiere fût capable de connoissance, aprés un extreme rafinement, comme on l'y suppose. Mais nos desirs ne peuvent pas changer la nature des choses. On ne s'étendra pas à prouver icy cette incapacité de la matiere, parce qu'on ne veut

PRÉFACE.

veut pas faire ce qu'on croit avoir déja fait ailleurs.

Tout l'avantage qu'on peut tirer de cet embleme, c'est qu'il est fort propre à donner une idée de ce principe qu'on nomme ame vegetative dans la plante, & ame sensitive dans l'animal. Democrite, Epicure & leurs sectateurs, ont cru que l'une & l'autre n'étoit qu'un assemblage de corps ignées, ausquels ils donnoient la figure ronde, pour rendre raison de leur extreme mobilité. L'ame vegetative est le feu dans le charbon vif, & la sensitive est la flamme. Par où l'on comprend que ces Philosophes ne

PREFACE.

mettoient d'autre difference entre ces deux ames, que celle qui se trouvoit entre les degrez de leur exaltation ou dégagement. Pour rendre justice à ces Messieurs, il faut avoüer que de tous les corps visibles, il n'en étoit point de plus propre à representer l'ame que le feu. Comme luy, elle est extremément active & dans un moûvement perpetuel. Comme luy, elle a ses parties merveilleusement subtiles; & cette grande subtilité donne à l'un & à l'autre une efficace, une promptitude & une penetration qui passe nôtre imagination. Le feu n'est pas plûtôt en un lieu,

PREFACE.

qu'il repand tout autour en un inftant fa chaleur & fa force. L'ame n'eft pas plûtôt dans le corps du fœtus, qu'elle y fait fentir fa prefence & fa vertu. Il ne faut qu'un moment aux parties fubtiles qui la compofent, pour paffer de la tête aux pieds. C'eft le Soleil du petit Monde qui ne paroît pas plûtôt fur l'orifon, qu'il fait fentir fes rayons à l'autre bout du monde. C'eft un éclair qui en moins d'un clin d'œil, vole d'une extremité de l'Univers à l'autre. L'ame de l'animal ayant donc la viteffe du feu, Democrite a conjecturé qu'elle en pourroit bien avoir la nature. Il

PREFACE.

consideroit de plus, que comme le feu, l'ame de la bête se nourrit principalement d'air, à l'introduction duquel les narines, la bouche & les pores de tout le corps servent comme autant de registres du fourneau animé. Pour éteindre le feu de ce fourneau, on n'a qu'à fermer tous ses registres ; & pour étouffer le feu vital, on n'a qu'à boucher les narines & la bouche de l'animal. Si l'air est excessivement humide, il n'est pas propre à entretenir le feu, rien n'étant plus contraire au feu que l'eau, qui s'élevant en l'air sous la forme des vapeurs, luy cause cette humidité. Aussi l'animal

PREFACE.

est plus gay dans un temps & dans un lieu secs sans excez, parce que son ame y trouve une nourriture plus pure & plus conforme à sa nature ignée. On se porte mieux sur les montagnes, où les vapeurs ne montent guere, que dans les valées & lieux marêcageux. Cependant si la secheresse est excessive, elle n'est pas bonne pour le feu, qui demande une humidité grasse, & non pas aqueuse. Les cendres qui ont perdu toute leur humidité, sont incombustibles. L'excez de l'aridité n'est pas moins contraire à l'ame de l'animal, dont le corps en est aussi incommodé par l'acreté

PREFACE.

que la fechereffe donne aux fels de fes humeurs. Cette raifon feule rendroit inhabitables les fables de la Lybie. La Zone torride eft fans comparaifon moins faine que la temperée, & l'on fe fent plus foible en Efté que dans les autres faifons, parce que la flamme de la vie a befoin d'une humidité moderée. Il eft vray que le feu s'éteint quand on y verfe une quantité confiderable d'eau, & que l'animal s'étouffe quand il y demeure trop long-temps plongé : mais il eft certain auffi qu'une rofée repanduë fur le feu, le rend plus vif & plus ardent, comme on l'ex-

PREFACE.
perimente dans les forges, & que l'animal profite plus d'un air mediocrement humide, que d'un air trop sec. La secheresse de l'Esté n'est pas la seule qualité qui affoiblit le feu, sa chaleur excessive, quoyqu'elle luy soit commune avec cet élement, en diminuë beaucoup la force par accident, en dissipant cet esprit qui rend l'air propre à nourrir le feu. De là vient que celuy-cy est moins vif en Esté qu'en Hyver. Pour la même raison l'animal se sent plus fort en Hyver qu'en Esté. Les ardeurs excessives l'affoiblissent non seulement en ôtant à l'air la vertu de nourrir son feu vital, mais

PREFACE.

encore en dissipant une partie de son ame, c'est à dire, ses esprits, ausquels elles donnent un mouvement extraordinaire, & leur ouvrent une infinité de portes par la dilatation des pores.

Quoy-que l'air bien conditionné soit necessaire à l'entretien du feu, il n'en demande pourtant qu'une quantité proportionnée à son état. Une petite flamme s'éteint au grand air. Comme l'animal, elle est étouffée par l'excessive quantité de la pâture. Outre que le mouvement du grand air en écarte les parties dont l'union fait sa subsistance, interromp la sublimation des soufres

PREFACE.

fres & des sels volatiles qui fait l'essence de la flamme, & la détache du sujet qui luy fournit cette pâture solide. Aussi le feu vital ne peut pas souffrir le grand air. La poitrine de l'animal n'est pas plûtôt ouverte, que cette flamme subtile s'éteint. Le cœur où elle reside principalement, est comme ces lampes soûterraines, qui se sont éteintes dés qu'on a ouvert le cachot où elles étoient enfermées.

Cependant si la flamme étoit assez forte pour resister au mouvement du grand air, elle profiteroit de cette abondance de pâture, & deviendroit plus grande & plus forte. Aussi

PRÉFACE.

le feu vital est plus vigoureux quand il reçoit une plus grande quantité d'air. Si les registres d'un fourneau sont trop petits, le feu ne s'y allume jamais bien ; au lieu que s'ils sont de la grandeur requise, le feu s'y allume & s'y conserve mieux. On a déja dit que les narines & la bouche sont les principaux registres du fourneau vivant. On remarque aussi que ceux qui ont les narines larges, & la bouche grande, sont plus forts & plus hardis, parce que leur feu vital recevant une plus grande quantité d'air, en est plus vigoureux & plus grand.

Le feu ne se nourrit pas seu-

PREFACE.

lement d'air, il a besoin encore d'une pâture solide, que le bois & les autres corps inflammables luy fournissent. Ce que l'air donne au feu, en est l'ame en quelque façon, & les matieres solides qu'il consume, luy fournissent le corps. L'ame sensitive, non plus que le feu, ne se repaît pas d'air seulement. Il est faux que le chameleon n'ait pas d'autre nourriture. Son ame de même que celle des autres animaux, a besoin d'une pâture plus solide, qu'elle trouve dans le sang, qui selon le stile du Saint Esprit, est la source de cette ame qui fait agir les bêtes. *Anima bruta-* Exode.

PREFACE.

rum est in sanguine. Et c'est le fondement de la défense que Moïse avoit faite aux Israëlites de manger du sang. Tout ce qui est dans les corps combustibles, n'est pas propre à nourrir le feu. La disposition qu'ils ont à s'enflammer, consiste principalement dans une humidité huileuse ou sulphurée. Aussi toutes les parties du sang ne sont pas destinées à l'entretien du feu vital. Il n'y a que les soufres, les esprits & les sels volatiles, qui soient capables de produire & d'entretenir la flamme de la vie. L'assemblage de ces principes fait une humidité grasse, dans laquelle consiste

PRÉFACE.

ce que l'Ecole appelle, l'humide radical. Le cœur est une lampe dont la flamme se nourrit d'huile, & non pas d'eau. Le sang est cette huile rouge que la Nature verse continuellement dans la lampe vitale. Si l'on mettoit à la lampe de l'eau au lieu d'huile, la lampe seroit bien-tôt éteinte. Aussi quand les eaux de l'hydropisie rentrant dans la masse du sang, sont portées au cœur par la circulation, la lampe vitale s'éteint subitement. Si seulement l'huile est mêlée d'eau, la lampe où l'on la verse, ne brûlera jamais bien. Elle ne fera que petiller, parce que les soufres, les

PREFACE.

fels volatiles & les efprits de l'huile, ne peuvent pas fe fublimer en flamme fans quelque violence, retenus par les parties embarraffantes de l'eau. Ainfi quand le fang eft trop aqueux, il ne s'allume pas bien dans le cœur. Les principes qui doivent compofer la flamme vitale, opprimez par les parties aqueufes, ne peuvent fe développer fans quelque efpece d'explofion.

Le même accident arrive quand ils font appefantis par quelque efprit ou fel acide, qui s'oppofe à leur dégagement par fa fixation. C'eft la raifon du defordre qu'on fent dans le cœur au commence-

PREFACE.

ment d'un accez. Alors le sang chargé d'un acide trop fort, ne s'allume qu'avec peine dans les cavitez du cœur. Ses esprits demi fixez par ce principe, ne se développent qu'aprés un grand effort. Le sang qui doit son mouvement à ces esprits, qui n'en ont presque pas eux-même, par la contrainte que l'acide leur cause, croupit dans les ventricules du cœur, & luy cause une grande oppression, qui accompagne ordinairement le froid d'un accez. Pour faire tomber cette verité sous les sens, on n'a qu'à verser sur l'huile d'une lampe l'esprit de vitriol, ou quelque autre acide, & l'on

PREFACE.

verra combien les acides fixes sont contraires à l'inflammation. Si on n'y en met guere, l'huile ne fera que petiller. Mais si on y en verse beaucoup, on éteint entierement la lampe, parce que les acides empêchent la sublimation qui fait la flamme. On voit par là pourquoy l'addition d'une grande quantité de vitriol empêche l'effet de la poudre fulminante & de la poudre à canon, & pourquoy les limonnes, grenades, tamarins, groseilles, verjus & autres fruits aigrets, temperent le feu de la fievre, qui n'est autre chose qu'une exaltation excessive des soufres, des esprits & des sels

PREFACE.

sels volatiles du sang. Le salpetre, qui fait la principale matiere du feu, & l'esprit de nitre, qui rend l'air propre à le nourrir, sont pourtant acides, mais ce sont des acides volatiles & sulphureux, qui ne sont pas contraires à la sublimation que les acides fixes empêchent. Qu'on ne s'étonne donc pas si l'esprit de vitriol qu'on syringue dans les veines, empêchant l'exaltation des esprits, des sels volatiles & des soufres qui font la vie, tuë subitement l'animal, quand il n'arrêteroit pas la circulation, en metamorphosant en branches de coral rouge les colomnes de sang,

PREFACE.

qui couloit auparavant dans ces canaux.

Si l'acide est si contraire à l'inflammation, comment est-ce que le soufre mineral, dont l'esprit est fort aigre, prend feu si facilement?

Cet exemple fait encore voir que tout degré d'acide ne rend pas les matieres incombustibles. Si la quantité du soufre l'emporte sur celle de l'esprit ou du sel acide, le sujet qui en est composé sera fort inflammable. C'est l'état de ce mineral qu'on peut appeller la pâture solide du feu. C'est encore l'état d'un sang fort bilieux qui s'enflamme à la moindre étincele, quoy-qu'il ne

PREFACE.

manque pas d'un sel acide, qui a sa mine dans la rate & dans le pancreas. Mais les parties huileuses y sont en plus grande quantité.

Ceux qui font le parallele de l'ame avec le feu, n'ont pas manqué de remarquer, que l'animal versoit de la graisse & de l'huile dans le fourneau de son corps, lors-qu'il prenoit des alimens gras pour entretenir son feu vital. En effet, les alimens qui ont le plus de soufre, comme la viande, nourrissent mieux que ceux qui en ont peu, comme les herbes & les fruits. De là vient que les animaux qui se nourrissent de chair, comme le Lyon, le Ti-

PREFACE.

gre & les autres bêtes farouches, ont sans comparaison plus de feu, que celles qui paissent, ou qui ne se nourrissent que de fruits, comme la Brebis, le Bœuf, &c.

Ce principe qu'on nomme l'ame ou la vie de l'animal, est donc un feu invisible, qui brûle dans son corps comme dans un fourneau merveilleux, où la Chymie Naturelle fait une infinité d'operations à la fois. Et comme on remarque divers étages ou diverses regions dans le feu exterieur, on peut observer la même chose dans ce feu interieur. Dans le feu de nos cheminées on voit le brasier, qui tient or-

PREFACE.

dinairement au bois, un peu plus haut la flamme, & tout autour la lumiere qu'elle repand. C'eſt comme une plante dont la racine eſt dans le bois, & la tige dans le braſier, la flamme en eſt comme la fleur, & la lumiere comme l'odeur que cette fleur pouſſe tout autour. La racine du feu vital eſt dans les ſoufres du bas ventre, qui répond à cet endroit du fourneau où l'on met le bois, dont les alimens & les excremens ſulphureux tiennent la place dans l'animal. Le feu qui reſide dans le foye, dans l'eſtomach, dans la rate & dans les autres viſceres naturels, en eſt comme le

PREFACE.

brasier. Celuy qui s'éleve de là dans la poitrine, est semblable à la flamme. Et l'esprit animal, qui monte dans le cerveau, est representé par la lumiere que la flamme produit.

Toutes ces conformitez qu'on trouve entre le feu & l'ame des bêtes, rendent assez vray-semblable la conjecture de ces Philosophes, qui comme le Prometée des Poëtes, tirent du feu la matiere de l'ame. Dans cette idée tout le monde est un vaste laboratoire, & chaque animal en est un fourneau, mais si merveilleux, qu'il se transporte luy-même où il veut, & travaille luy seul à la conservation de son feu,

PREFACE.

fans avoir befoin de souffleur ou d'artifte qui le gouverne, depuis que l'Auteur de la Chymie Naturelle l'a bâty, & qu'il y a mis le degré de feu qu'il a jugé neceffaire aux operations qu'il y veut faire.

Jufques là cette idée eft extremément jufte ; mais la rondeur que Democrite donne aux parties de cette ame & de ce feu, ne s'accorde pas bien avec la nature des principes dont on a compofé l'un & l'autre. Il eft certain que la flamme, qui eft l'embleme vifible de l'ame fenfitive, n'eft qu'un affemblage d'efprits, de fels volatiles & de foufres, qui fe fubliment ou s'élevent en l'air,

PREFACE.

poussez par le feu, qui brûle le sujet duquel ils partent. Or qui a jamais veu des esprits ou des sels ronds ? Les soufres s'arrondissent bien dans une liqueur avec laquelle ils ne peuvent pas se mêler, aprés leur fusion : mais hors de là ils n'ont point cette figure. Et la piqueure que les esprits & les sels font sur la langue, demande plûtôt une figure qui se termine en pointe, pour faire une impression si vive & si sensible.

L'ame & le feu qui en sont composez, ne sont donc pas un assemblage de petites boules, comme les Partisans des Atomes le supposent. L'activité surprenante des esprits &

des

PREFACE.

des sels volatiles, qui ne sont pas ronds, fait assez voir que les parties de l'ame materiele n'ont pas besoin de rondeur pour être extremément actives & mobiles.

On ne voit pas même le rapport de cette figure avec les actions de l'ame, si vous en exceptez le mouvement, qui n'est pas incompatible avec une autre figure, côme l'exemple des esprits Chymiques le prouve évidemment. Que fait, je vous prie, la rondeur à la premiere fonction de l'ame, je veux dire, à l'organisation du corps qu'elle doit animer? Car c'est un Architecte qui se bâtit luy-même sa maison, & qui s'unit avec elle si étroitement, qu'ils ne composent tous deux qu'un même tout. C'est un Organiste qui non seulement fait joüer les organes, mais qui aprés les avoir formez, y demeure inseparablement attaché. C'est un Hôte qui vivifie son logis, duquel il ne sçauroit sortir sans le precipiter en ruine, & sans perir luy-même, tant ils ont besoin l'un de l'autre, leur conservation dépendant absolument de leur union. C'est enfin un Pilote qui fait luy-même son bâtiment, & qui pour mieux diriger ses mouvemens, l'anime & luy fait part de sa vie. Cette figure se justifie principale-

PREFACE.

ment dans les oiseaux, dont le corps a la forme d'un navire. Le bec en est la proüe, aussi les Latins ont donné le même nom à la partie anterieure de ce vaisseau animé & de l'inanimé. Le croupion en est la proüe, & la queuë le gouvernal. Les os de la poitrine se terminent en forme de carene. Les aîles sont attachées aux côtez comme les avirons, aussi font-elles le même mouvement, car elles font aller le navire vivant en s'élevant & en s'abaissant. Elles font aussi quelque fois l'office de voile, en recevant le vent qui les pousse par derriere, afin que le vaisseau animé, aussi bien

Rostrŭ, Rostratæ naves.

PREFACE.

que l'inanimé, puisse aller à rame & à voile. Il vogue dans l'air comme dans un vaste Ocean. Mais ce navire merveilleux ne va qu'entre deux eaux. Il est poussé par un vent exterieur, & par un interieur, celuy qui souffle dans l'air le pousse par dehors, & l'esprit animal qui enfle les muscles, le pousse en dedans.

Comme donc il ne suffit pas que le vent sorte des œolipiles naturelles, pour faire joüer un moulin à vent, & les autres machines qu'il fait rouler, s'il n'y trouve une certaine disposition organique; aussi ce n'est pas assez que cette matiere subtile qu'on nomme l'a-

PREFACE.

me, se développe des parties embarrassantes qui la détenoient. Il faut de plus, qu'elle rencontre, ou qu'elle mette dans le corps qu'elle doit animer, une certaine disposition organique, pour y produire les actions de la vie. Pour former le son des orgues, l'air ou le vent ne suffisent pas. Le jeu doit être composé d'un certain nombre de tuyaux, qui ayent une certaine conformation, sans laquelle le meilleur Organiste ne sçauroit produire le son de cet instrument.

L'ame est cet habile Organiste qui forme luy-même ces organes avant de les faire joüer. Elle ne peut agir dans

PREFACE.

le corps qu'aprés l'avoir organifé. De là vient qu'Ariftote la definit l'acte premier du corps organifé qui ne vit qu'en puiffance. Elle en eft l'acte premier, c'eft à dire, le premier principe de toutes fes actions, comme le vent & l'eau font le premier principe des mouvemens qu'ils font faire aux moulins qu'ils font joüer. Il eft vray que l'ame merite mieux que le vent & l'eau, le nom de premier principe, en ce qu'elle n'eft pas feulement la caufe des mouvemens que le corps produit, mais encore de la difpofition organique qui les luy fait produire, au lieu que le vent & l'eau n'ont

Ἐντελέχεια πρώτη τοῦ σώματος, φυσικοῦ ὀργανικοῦ ζωὴν ἔχοντος δυνάμει.

PREFACE.

aucune part à l'organifation des machines qu'ils font agir. L'ame eft donc le premier acte du corps organifé, non feulement par oppofition aux actions qu'elle luy fait produire, mais encore par rapport à la difpofition organique, qui peut étre appellée le fecond acte, c'eft à dire, la feconde fource des actions, & l'operation même du corps animé pourroit étre nommé le troifiéme acte.

Le corps tout organifé qu'il eft, ne fçauroit la produire fans l'ame. C'eft un jeu d'Orgues qui ne peut pas joüer fans un Organifte. Il eft remarquable que dans les Orgues ina-

PREFACE.

nimées, l'Organiste est different de l'air qu'il y pousse ; au lieu que dans les Orgues animées, l'Organiste & l'air qui les fait joüer, font une seule & même chose, je veux dire, l'ame qui est extremément semblable à l'air ou au souffle : ce que le S. Esprit semble insinuer quand il nous apprend par la bouche de Moïse, que pour animer la terre de laquelle le corps d'Adam fut formé, Dieu y souffla respiration de vie. Sans cet air interne, le corps seroit un moulin à voile, qui n'a point de vent. Et comme ce moulin qui ne moult pas faute de vent, peut moudre dés que le vent soufflera

sur

PRÉFACE.
sur ses voiles. Aussi le corps organisé qui ne vivroit pas sans ame, peut vivre ou produire les actions de la vie, dés que l'ame y sera presente. Mais on supposeroit faussement que le corps peut étre bien organisé aprés la separation de l'ame, puisque celle-cy est comme un Organiste qui ne quitte les machines qu'il faisoit joüer, que quand il ne peut plus s'en servir par la dépravation des organes ou des ressorts. C'est un Hôte qui ne sort de son logis, que quand il est prêt à crouler. On ne peut donc separer que par la pensée l'ame du corps parfaitement organisé. Et Aristote

PREFACE.

n'a pas voulu infinuer la poffibilité de cette feparation, quand il a dit que le corps ne vivoit qu'en puiffance. Il a feulement étably que la vie dependoit non du corps, mais de l'ame. On voit ces deux parties intimément unies. Le tout qu'elles compofent eft vivant. On pourroit étre en doute à quelle de ces parties il eft redevable de la vie dont il joüit. Le Maître du Lycée prévient cette difficulté, en enfeignant qu'il en a toute l'obligation à l'ame.

On comprend encore par cette explication, que quoyque le corps ne vive qu'en puiffance, il ne laiffe pas de vivre

PRÉFACE.

actuellement, l'expression du Philosophe ôtant au corps la racine ou le principe de la vie, & non pas la vie actuelle même. En ce sens on peut dire que le bois ne brûle qu'en puissance, quoy-qu'il soit effectivement enflammé, parce qu'il n'est pas la source ou la cause principale de l'inflammation, mais plûtôt la matiere. Mais on peut dire en un autre sens, qu'un corps ne vit qu'en puissance, lors-qu'il ne joüit pas encore de la vie, mais qu'il en a le principe caché dans son sein. Ainsi le bois qui n'est pas encore allumé, mais qui porte le principe du feu, ne brûle qu'en puissance, pouvant être allumé, s'il ne l'eſt pas effectivement. L'Ecole appelle cette diſpoſition une puiſſance éloignée, donnant le nom de puiſſance prochaine à cette diſpoſition, qui rend la matiere prête à recevoir ſans autre preparation la forme dont il s'agit.

Et comme on peut dire que toute matiere peut brûler, puiſque tout corps mixte eſt compoſé de ſoufres, que les Peripateticiens appellent un feu ; auſſi toute matiere peut vivre, puis-qu'elle a dans ſes principes la ſemence & la racine de la vie ou de l'ame. Mais comme on n'appelle matieres inflammables, que celles qui

PREFACE.

font tres-disposées à prendre feu, parce que les principes de cet élement profondement enfevelis dans les autres matieres, ne peuvent pas aifement s'en développer. Auffi l'on ne nomme pas corps vivans ou capables de vie, tous ceux qui portent dans leur fein le principe de la vie, laquelle confiftant dans le dégagement de ce principe, ne fe peut pas aifement produire dans ces fujets où ce principe eft extremément enveloppé.

Les femences des plantes, où la Nature a mis en dépôt le principe de la vie vegetative, ne vivent pas actuellement, non plus que la femence des

PREFACE.

animaux, qui cache aussi dans son sein la cause de l'ame sensitive. Mais l'un & l'autre de ces sujets a une disposition prochaine à recevoir cette forme qu'on nomme l'ame, parce qu'il ne manque à ses principes, qui s'y trouvent déja preparez & développez, qu'un petit degré d'exaltation pour produire la vie de leur espece.

Ce petit discours de l'ame devoit servir de prelude à l'Histoire de l'Animal, auquel elle donne le nom. On ne parle pas icy de l'ame raisonnable; 1. Parce qu'on n'y fait pas l'Histoire de l'Homme, mais de l'Animal en general. 2. On n'explique icy que l'ame ma-

PREFACE.

teriele qui a sa source dans la matiere, qui peut en étre tirée par les operations de la Chymie Naturelle, & qui composée de plusieurs parties, peut étre partagée entre le pere & le fils, & passer de l'un dans l'autre par une espece de transfusion, comme la flamme qu'un flambeau allumé communique à celuy qui ne l'est pas. Au lieu que l'ame, qui distingue l'homme des autres animaux, n'a rien de commun avec la matiere, n'ayant d'autre Pere que Dieu, d'autre origine, ni d'autre patrie que le Ciel, d'autre naissance que la creation selon la maxime, *Creando infunditur & infunden-*

PREFACE.

do creatur. Purement spirituelle, elle ne sçauroit être sujete à la generation, ni à la mort naturelle. Elle ne peut étre engendrée, parce qu'elle ne peut pas sortir du sein de la matiere, qui est le sujet de la generation, puis-qu'elle est parfaitement immaterielle. En cette qualité elle ne sçauroit avoir des parties qui luy seroient pourtant fort necessaires pour pouvoir étre partagée entre le pere & le fils. Si donc celuy-cy recevoit l'ame de celuy-là, la naissance de l'un entraîneroit infailliblement la mort de l'autre, puisque le pere ne pourroit donner de son ame au fils sans la luy

PREFACE.

luy donner toute, n'en pouvant pas garder une portion pour luy, puis-qu'elle ne sçauroit étre partagée comme celle des bêtes. Il n'en est pas de l'ame comme du Ciron que les Grecs appellent, Ακαρος, comme qui diroit, sans parties. Car si ce petit animal, qu'on ne sçauroit voir qu'avec un microscope, n'a pas de parties visibles, il en a que leur petitesse dérobe à la plus fine vûë, mais qui ne sont pas invisibles à l'œil de la raison, qui est le plus excellent de tous les microscopes. Au lieu que l'œil de l'ame, non plus que celuy du corps, ne sçauroit découvrir des parties dans l'ame mê-

PREFACE.

me. L'esprit est le seul individisible qui existe effectivement, le point mathematique devant toute son existance aux abstractions des Mathematiciens. Cela posé, si un homme donnoit son ame spirituelle à celuy qu'il engendre, il cesseroit d'être animé, comme l'une des trois Fées cessoit de voir quand elle bailloit son œil à l'une de ses compagnes.

Je dis son ame spirituelle, car on ne peut pas douter qu'un pere ne fasse part à son fils de son ame sensitive, qui étant materielle, peut être divisée en plusieurs portions, dont l'une demeure dans le corps des parens, & l'autre

Anima ex traduce.

PREFACE.

passe dans celuy des enfans. Il est donc aisé de reconcilier ceux qui soûtiennent que l'ame passe des peres aux enfans, avec ceux qui croyent le contraire. La these est veritable à l'égard de l'ame materielle, qui consiste dans l'assemblage de tous les esprits, qui font joüer les ressorts du mouvement & les organes du sentiment. Mais elle est fausse à l'égard de l'ame spirituelle & immaterielle. On pourroit accorder de la même maniere le different de la metamphycose, qui est fausse à l'égard de l'ame raisonnable, mais veritable à l'égard de l'ame sensitive. Car cette transfusion des esprits du

PREFACE.

pere dans le fils, & du corps de la mere dans celuy de l'enfant, est une veritable metamphycose, qui se continuera depuis le premier homme jusqu'au dernier qui naîtra sur la terre. L'ame de l'homme ne passera jamais dans le corps de la bête, comme le supposent les Partisans de l'ancienne metamphycose, que l'ingenieux Lucien traduit agreablement en ridicule en introduisant un coq animé par l'ame d'un Philosophe, dont cet oiseau debitoit les plus belles maximes pour payer, par ses graves leçons de morale, le soin qu'un Cordonnier prenoit de le nourrir. Mais si Py-

PREFACE.

thagore vouloit se retreindre à la transfusion de l'ame sensitive d'un homme dans toute sa posterité, il n'auroit pas moins de Sectateurs aprés sa mort que pendant sa vie. Et si celuy qui se vante dans un Poëte Latin d'avoir été au siege de Troye, quoy-qu'il ne soit né que deux mille ans aprés la prise de cette Ville, étoit de la race de Deïphobus, dont il pretend avoir herité l'ame, sa pretention ne seroit pas sans quelque fondement, puisque le même esprit qui faisoit battre le cœur d'Adam fait battre encore aujourd'huy le nôtre.

Mais cette doctrine donnant deux ames à l'homme, ne

PRÉFACE.

le rend pas moins monstrueux, dit-on, que si elle luy donnoit deux corps. Deux formes totales ne peuvent pas se trouver à la fois dans le même sujet.

On répond que deux formes totales ne sont pas incompatibles, si l'une est dans la dépendance de l'autre, comme le concours de la cause principale & de l'instrument, est necessaire à la production de l'effet, qui en depend. On a veu dans l'explication des fonctions animales que l'ame raisonnable en étoit la principale cause, & que l'ame sensitive ou l'esprit animal, n'en étoit que l'instrumentele. On ne fait donc pas un monstre de

PREFACE.

l'homme quand on luy donne deux ames, dont l'une eſt la maîtreſſe & l'autre la ſervante, puiſque l'ame ſenſitive ſert à l'ame raiſonnable dans toutes ſes operations.

Ces Philoſophes qui luy donnent l'ame vegetative, la ſenſitive & la raiſonnable, en fairoient bien un plus grand monſtre au ſens de ces Meſſieurs qui nous font cette objection. Si le Geryon des Poëtes étoit monſtrueux pour avoir trois corps, l'homme le feroit-il moins pour avoir trois ames ? Il eſt vray que l'un ne l'eſt pas plus que l'autre. Les trois corps de Geryon qui n'avoient qu'une tête,

PREFACE.

étoient trois états, qui n'avoient qu'un Chef ou qu'un Roy; ou bien c'étoient trois Princes qui, n'ayant qu'un cœur & qu'une ame, étoient comme réünis en un. Qu'y a-t'il de monstrueux, je vous prie, dans ces deux idées? Ainsi l'ame raisonnable est la Reyne des deux autres qui luy sont soûmises. L'ame vegetative travaille pour la sensitive, & celle-cy pour la raisonnable, chacune ayant son département dans le petit Monde. On peut donner à la premiere les fonctions qu'on nomme naturelles, la nourriture, l'accroissement & la generation, puis-qu'elles sont communes
à l'ani-

PREFACE.

à l'animal & à la plante, & qu'on a fait voir ailleurs qu'elles se font à peu-prés de même maniere dans l'un & dans l'autre. Le sentiment & le mouvement auquel se reduisent presque toutes les actions vitales, sont le partage de l'ame sensitive, qui n'est pas pourtant la principale cause de la sensation, mais plûtôt l'ame spirituelle, à laquelle on doit rapporter aussi le sens commun, l'imagination, la memoire & le raisonnement.

Pour n'étre pas choqué de cette multitude d'ames qu'on met dans le corps de l'homme, on n'a qu'à se souvenir que l'ame vegetative & la sensitive,

PREFACE.

sont composées de mêmes principes, & que toute leur difference consiste dans quelques degrez de rafinement ou d'exaltation. On peut même ajoûter que la même substance produit les fonctions de l'ame vegetative & de la sensitive, déterminée aux unes plûtôt qu'aux autres par les organes qu'elle rencontre dans le corps. Les mêmes esprits produisent dans le bas ventre principalement les fonctions naturelles, dans la poitrine les vitales, & dans le cerveau les animales : & cette difference d'actions est causée par la diversité des instrumens ou des visceres qu'ils trouvent

PREFACE.

dans ces regions. Et parce qu'ils ne sont pas achevez tous à la fois, & que ceux qui produisent les fonctions de la vie vegetative, sont faits les premiers, comme les plus necessaires, on a dit avec raison que l'embryon vivoit premierement comme une plante. Ensuite Dieu mettant la derniere main aux parties vitales, qui tiennent le second rang de necessité, le fœtus vit comme un animal. Enfin, les plus beaux ouvrages demandant plus de temps que les autres, les organes des actions animales qui sont les plus nobles, ne s'achevent que les derniers; & alors ce qui n'étoit au-

PRÉFACE.

paravant qu'une plante, ou qu'un animal, devient un homme.

Mais dans cette reduction de plusieurs ames en une, il faut bien prendre garde de ne pas confondre l'ame spirituelle avec la materielle, comme quelques-uns font, en donnant à la matiere ce qui n'appartient qu'à l'esprit, & en attribuant à l'esprit ce qui n'est deu qu'à la matiere. L'Ecole des Peripateticiens transporte à l'esprit les proprietez de la matiere, quand elle soûtient que l'ame raisonnable contient d'une maniere plus excellente toutes les vertus de la vegetative & de la sensitive, faisant

Eminenter.

PREFACE.

le chyle dans l'eſtomach, le ſang dans le foye, la ſemence dans les organes de la generation, l'eſprit vital dans le cœur & l'eſprit animal dans la tête; & que par ce moyen elle nourrit l'homme, le fait croître, luy fait produire ſon ſemblable, & luy donne en un mot la vie animale, auſſi bien que la raiſonnable. Mais on dit aſſeurement ce qu'on ne conçoit pas, quand on parle d'un eſprit qui nourrit ou qui produit un corps, & l'on pourroit appliquer juſtement à ces Scolaſtiques ce que Terence dit de ceux qui veulent trop rafiner, *Næ nimis intelligendo faciunt ut nihil intelligant.*

PREFACE.

Les Epicuriens qui blâment avec raison les Peripateticiens de donner à l'esprit ce qui n'appartient qu'au corps, ne sont pas moins blâmables qu'eux, en se jettant dans l'autre extremité. Si l'Ecole d'Aristote donne trop à l'esprit, celle d'Epicure donne trop à la matiere, quand elle attribuë aux esprits animaux cette connoissance qu'on nomme instinct ou sensation. Si l'esprit est incapable des actions du corps, parce qu'il n'en a pas les proprietez, le corps sera-t'il plus capable de celles de l'esprit, qui n'a rien de commun avec luy ? *Medium tenuere beati.* Pour trouver la veri-

PRÉFACE.

té, il faut tenir le milieu entre ces deux opinions, en ne donnant à l'esprit & à la matiere que ce qui leur appartient. Et pour ne s'y pas tromper, tenons cette regle certaine, Que toute action qui suppose necessairement l'étenduë ou le mouvement, est tirée du fonds de la matiere, & que celle qui exclut l'une & l'autre de ces idées, est une production de l'esprit.

Cette petite dissertation de l'ame demandant des raisonnemens un peu suivis, ne pouvoit pas être inserée dans l'Histoire de l'Animal. Car comme l'histoire n'est qu'un recit simple, on insinuë par ce ti-

PRÉFACE.

tre qu'on ne veut pas s'engager à de grands raisonnemens dans cet ouvrage, qui n'est destiné qu'à des personnes qui pour la plufpart manqueroient de principes pour les entendre. Et si l'on passe quelquefois les bornes qu'on s'y prescrit, on doit pardonner cette faute à l'occasion, qui tente quelque fois l'Auteur.

Enfin, ce titre paroît assez propre à donner une idée generale de la matiere qu'on traite dans cet ouvrage. Car comme l'histoire d'une personne comprend sa naissance, sa vie & sa mort; aussi l'on explique dans ce Livre comment l'Animal naît, vit & meurt.

EXPLICATION CHYMIQUE ET MECHANIQVE DE LA FORMATION, de la Naissance, de la Vie, & de la Mort de l'Animal.

CHAPITRE PREMIER.

Le dessein & la division de cet Ouvrage.

LA plufpart des gens entreprennent de grands voyages pour connoître le monde, pendant qu'ils ne prennent aucun foin de fe connoître eux-mêmes. Cependant la connoiffance du petit Monde étant sans comparaison plus utile & satisfaisante que celle du grand, on auroit peine à croire que les personnes raisonnables en fissent si peu de cas, si l'experience ne nous en convainquoit. C'est pour remedier à cet abus qu'on entreprend cet Ouvrage, où l'on tachera de ne rien dire du corps animé, que ce qu'un honnête homme n'en peut pas ignorer sans honte.

Pour en donner donc une connoissance suffisante, on prendra l'Animal au moment de sa conception pour le suivre jusqu'à celuy de sa mort. On verra premierement comment il s'est formé ; en second lieu comment il vit ; & en troisiéme & dernier lieu, comment il meurt. Ce traité se divisera donc en trois Sections. Le sujet de la premiere sera la formation & la naissance de l'Animal ; celuy de la seconde, sa vie ; & celuy de la troisiéme, sa mort. Cette Histoire complete de l'Animal fourniroit la matiere de plusieurs volumes, si l'on en vouloit parcourir exactement toute l'étenduë : mais la loy qu'on s'est imposée de ne toucher que ce qu'on croit absolument necessaire à la connoissance qu'un honnête homme doit avoir de son corps, renfermera ce vaste sujet dans les bornes d'un seul traité.

SECTION PREMIERE.

De la Formation de l'Animal.

ON ne sçauroit voir un bel ouvrage sans souhaiter à même-temps d'en connoître l'Auteur, la matiere & le lieu où il a été fait. Aussi le Physicien admirant la beauté de la machine animée, desire incontinent de sçavoir de quoy, par qui, & où elle a été formée. Pour satisfaire à ce raisonnable desir, on expliquera dans les trois articles suivans la matiere, la cause efficiente, & le lieu natal du fœtus.

ARTICLE PREMIER.

De la matiere du Fœtus.

ON trouve dans les entrailles de toutes les femelles certains petits corps à qui la figure ronde, & la vertu qu'on leur attribuë de contenir le germe du fœtus, ont donné le nom d'œufs. La Nature qui se plait aux abregez, y a mis l'Animal en petit. Un excellent microscope a fait voir dans la pluspart des semences la figure des plantes qui les ont produites. Plus un Ouvrier est adroit, & moins de volume il donne à son ouvrage, quand il se pique de le faire petit. Si l'adresse humaine a sceu produire ces abregez, qui passent pour des fables dans l'esprit de la pluspart des gens qui ne les ont point veux, que ne doit-on pas attendre de la sagesse de Dieu, qui surpasse infiniment celle de l'homme ? Avant la découverte du microscope on se seroit mocqué d'un homme qui auroit dit serieusement ce qu'on peut voir aujourd'huy dans la semence des plantes ; & l'on doit esperer que la Posterité donnant un nouveau degré de perfection à son microscope, découvrira dans l'œuf la structure du fœtus. Ce petit corps rond est donc la principale matiere de l'Animal. Ses tuyaux auparavant affaissez s'ouvrans ensuite par un corps subtil, qui les dilate en les parcourant, reçoivent une nouvelle matiere, par laquelle cet Animal en miniature se nourrit & croit. Mais parce que ce suc qui s'insinuë dans les canaux de l'embryon racourcy, n'eſt pas different de ſon aliment, dont on aura occaſion de parler ailleurs, nous renvoyons cette matiere à ſon lieu, pour dire nôtre ſentiment ſur cet eſprit qui luy a ouvert les conduits du fœtus encore inſenſible. Cette matiere ſubtile qui ouvre & dilate les canaux du fœtus, & qui déploye toutes ſes parties, tient dans la formation de l'enfant le rang de la cauſe efficiente dont on a promis de parler dans le ſecond article de cette ſection.

ARTICLE II.

Où l'on explique la cauſe efficiente du Fœtus.

CET eſprit qui fait l'ouverture dont on vient de parler, n'eſt que la partie la plus ſubtile, & la plus active de la ſemence maſculine, qui laiſſant ſon corps, ou ſa partie groſſiere dans les pores de la matrice, envoye ſon eſprit, ou ſa portion la plus vive, juſqu'à ces ovaires qu'on nomme les teſticules, pour rendre feconds par son inspiration les œufs qu'il y rencontre.

Mais parce que cet esprit avoit besoin d'une extréme subtilité pour entrer dans les conduits imperceptibles du fœtus racourcy dans l'œuf, la Nature a pris un soin merveilleux de le rectifier, & de le subtiliser. 1. En puisant sa matiere dans une artere plûtot que dans une veine. 2. En la faisant circuler dans le serpentin des vaisseaux spermatiques. 3. En la filtrant à l'entrée du testicule à travers une substance membraneuse & glanduleuse. 4. En faisant rouler l'esprit qu'elle en tire, dans ce tuyau dont l'entortillement forme une espece de peloton appellé le testicule, la longueur & les détours presque infinis de ce vaisseau circulatoire, ne permettant pas aux principes grossiers du sang de suivre l'esprit rafiné par tout ce labyrinte. 5. Et enfin en suspendant en l'air les testicules du mâle, afin que cette liqueur invisible tenant lieu de refrigeratoire au serpentin naturel, où l'esprit genital circule, il n'y eût que l'esprit le plus pur & le plus subtil, à qui ce rafroidissement exterieur laissât assez de mouvement pour en parcourir les détours.

Cette matiere subtile seroit toûjours prête à prendre l'essor, si la Nature ne l'incorporoit

corporoit avec une liqueur plus épaisse dans les vesicules seminaires, qui sont comme deux recipiens adaptez à autant de filtres glanduleux, par où passe un suc gluant, qui va se rendre aussi dans ces reservoirs membraneux où l'esprit genital est gardé.

La Nature ne l'a pas fait pour le laisser toûjours croupir dans ses reservoirs, à qui pour cette raison elle a donné la force de se serrer par leurs fibres musculeuses pour chasser la liqueur qu'ils contiennent. Les trois tuniques dont le testicule est revêtu, contribuent bien à cette contraction, & à l'expulsion de la semence ; mais le scrotum tissu de fibres charnuës, qui sont le principal organe du mouvement, y a sans contredit la principale part. Les vesicules seminaires, qui ne manquent pas de ces filets musculeux, ne seront-elles pas capables de la même fonction ? Leurs fibres gonflées par l'esprit animal, ne se serreront-elles pas pour chasser la semence boüillante qui les irrite ?

Alors cette liqueur poussée par le resserrement des parties qui la contiennent, s'élance dans l'uretre, comme dans le tuyau de la syringue naturelle, par laquelle elle doit être jettée dans le moule du fœtus.

B

Les testicules & les vescies seminaires qui la chassent par leur contraction, font l'office de piston pour chasser la semence hors de la syringue naturelle.

L'Auteur de la Mechanique Naturelle donne à son tuyau quelque roideur necessaire à son introduction, en le composant d'une substance caverneuse, qui se durcit de temps en temps par le gonflement que luy cause l'ébullition du sang à la rencontre d'un suc noirâtre & fermentatif, que la Nature y met pour cet usage.

La precipitation que ce suc cause aux soufres du sang, en change la rougeur en cette blancheur qu'on remarque dans la semence chaude.

Cette conversion demandoit que le sang fit quelque sejour dans le corps caverneux, qui en contient le ferment. Aussi la compression que les muscles érecteurs gonflez par les esprits causent à la veine, l'empêchent de recevoir le sang que l'artere y verse. Mais la partie subtile se filtrant à travers les glandes dont toute l'uretre est parsemée, penetre jusqu'à la cavité de ce conduit. Alors l'ébullition des humeurs, & le gonflement de la veine cessant, le sang y coule, & ne gonfle plus la partie où il étoit auparavant arrêté.

Voila comment l'esprit genital se forme, & comment il est porté dans le lieu où il doit operer. On va voir maintenant ce qu'il y fait.

Cette matiere subtile ayant rendu l'œuf fecond par son inspiration, en fait éclorre ensuite un corps à peu-prés semblable à celuy duquel elle est sortie. L'esprit de nitre versé sur une matiere indifferente, en fait un sel semblable à celuy duquel on l'a tiré. Le mouvement qu'il donne aux parties du sujet qui le reçoit, les met dans cet arrengement, auquel consiste la nature du sel qui s'en forme. L'esprit genital doit exciter aussi dans les parties de l'œuf un mouvement qui change leur figure & leur situation, & leur fait prendre celle qu'elles doivent avoir pour composer le fœtus. Pour cet effet la Nature luy imprime une certaine espece, & un degré particulier de mouvement, qui le rend propre à operer cette metamorphose.

La peine qu'on trouve à comprendre comment un mouvement peut produire un si bel ouvrage, n'est pas une demonstration de son insuffisance. On ne conçoit pas non plus comment le mouvement de l'esprit de nitre peut donner aux parties du sujet indifferent qui le reçoit, cette scituation dans laquelle consiste la nature de ce mineral ; cependant cette trausmutation n'en est pas moins réelle, quoy-que la maniere n'en soit pas encore comprise.

On conçoit pourtant qu'aprés la premiere délineation des parties que l'esprit genital trace dans l'œuf, il les étend & les développe insensiblement, comme l'esprit vegetal entrant dans le corps d'une graine, en fait éclorre le germe contenu dans cet abregé de la plante. Mais parce que les causes qui aident la vegetation de la plante animale, sont attachées la pluspart aux parties où cette operation se fait, pour en voir les progrez, on va parcourir dans l'article suivant les lieux de sa formation, & la part que chacun d'eux y peut avoir.

ARTICLE III.

Sur le lieu natal du Fœtus.

LEs testicules de la femme, la trompe de Fallope & la matrice, peuvent passer pour le lieu natal du fœtus. Les testicules forment l'œuf duquel il sort, la trompe le reçoit pour le mener dans la matrice, qui le couve en le serrant dans son sein.

L'œuf n'étoit au commencement qu'une petite bube ou sac membraneux, imperceptible sans microscope, non seulement dans les petites filles, mais encore dans celles qui ont atteint l'âge meur. Le suc que l'artere spermatique y porte, le nourrit & le fait croître jusqu'à ce que sa maturité le détache du lieu de son origine. Alors sortant par les larges trous de la tunique qui revêt le testicule, il tombe dans le pavillon de la trompe qui s'avance pour le recevoir par un mouvement purement mechanique, & pour le porter à la matrice.

Sa cheute dans ce viscere détermine les esprits à couler en foule dans les fibres circulaires qui sont destinées à le serrer. Par cette divine mechanique la matrice se ramasse comme pour embrasser, échauffer & couver cet œuf, qui pourroit sortir par l'orifice, si la contraction de ses fibres circulaires ne le fermoit à même-temps avec tant d'exactitude, qu'on ne sçauroit y faire entrer la tête d'une épingle.

Mais quoy-que la cheute de l'œuf dans la matrice contribuë à son resserrement, il est fort vray-semblable que le plaisir, ou le chatoüillement que les femelles sentent dans cette partie pendant l'accouplement, en est la principale cause. En effet, il est naturel à toutes les parties de se serrer quand on les chatoüille, le plaisir excessif qu'elles ont alors tenant beaucoup de l'irritation. Cette contraction de la matrice se rencontre ordinairement avec la fecondité de l'œuf qu'elle serre, parce que la même cause qui fait serrer ce viscere, rend l'œuf à même-temps fecond, l'esprit genital le penetrant au moment que cette bourse est déterminée à se serrer par le chatoüillement que luy cause le plaisir de Venus.

Et comme cet esprit formateur n'agit guere que par le mouvement, il trouve dans la matrice où l'œuf, qui en est gros, doit être couvé, une chaleur qui le fortifie pour luy faire surmonter tous les obstacles qui s'opposent à son operation. Il est mis là comme en digestion, afin qu'aidé par le feu moderé des entrailles, il se dégage pour donner aux parties du fœtus la scituation & la figure qu'elles doivent avoir. Quand la semence est iettée dans le sein de la terre, elle contient déja le germe de la plante qui doit en naître : mais l'esprit soûterrain, & celuy de l'air la penetrant, développent ce germe dont les parties sont comme affaissées ou pliées : ainsi quand l'œuf est semé dans le champ de la matrice, il a déja le principe de la formation, l'esprit masculin qui doit étendre toutes les parties du fœtus, que la Nature a racourcy dans cet abregé. La matrice ne fait qu'exciter par sa chaleur, & par sa fomentation ce mercure qui n'est pas encore assez dégagé, & fournir comme la terre une espece de seve, ou de suc qui doit nourrir au commencement l'embryon comme une plante. Car comme le grain de la semence n'est pas plûtôt dans la terre, qu'il commence à s'enfler de la seve qu'il boit : ainsi dés que l'œuf est dans la matrice, il s'attache à quelque endroit de la cavité par un glu qu'il a pris dans la trompe, il se gonfle de l'humeur qu'il reçoit de la matrice, dans laquelle il jette une racine, ou le cordon des vaisseaux ombilicaux, par où il se nourrit d'abord, comme la jeune plante par la radicule que le grain pousse dans la terre, comme une pompe qui en éleve la seve. Au reste si la semence des plantes contient la racine en petit, & la pousse insensiblement dans le sein de la terre, pour en puiser par ce tuyau avancé la nourriture qui la fait croître, de même l'œuf porte en racourcy le cordon des vaisseaux ombilicaux, qui s'avance dans le corps de la matrice pour en tirer le suc qui doit nourrir ce zoophyte qu'on nomme l'embryon.

Cette masse de chair qu'on appelle Placenta, se forme ordinairement à l'endroit où cette racine se plante, parce que la semence masculine imbibée en ce lieu, contribuë à la formation de l'arriere-fais, & fait comme un glu qui cole l'œuf à la matrice. Là le sang menstrual retenu depuis la conception, se mêlant avec cette partie grossiere de la semence, fait une espece de caillau par la vertu qu'a cette gelée genitale de le coaguler.

L'arriere-fais devoit toucher immediatement la matrice, pour en recevoir le suc nutritif qu'il doit preparer au fœtus; car comme la seve n'entre dans le vegetal racourcy qu'aprés avoir été filtrée à travers la peau & la substance même de la graine, de même le suc nourrissant ne passe de la mere dans le fœtus abregé, que quand il est épuré par la filtration qui s'en fait dans les glandes du Placenta.

C'est de ces petits couloirs que les vaisseaux

feaux ombilicaux reçoivent les humeurs qu'ils portent au fœtus pour sa nourriture. L'artere ombilicale est proprement sa nourrice, puisque c'est elle qui luy porte le sang, qui se filtre encore par le nœud qu'il rencontre au nombril de l'enfant, & glisse dans une veine qu'il trouve au dessous, par laquelle il est porté à la partie concave du foye, où se filtrant encore, & passant à la partie convexe de ce viscere, il entre dans la veine cave qui le jette dans le cœur. Celuy-cy comme une machine hydraulique, le pousse dans toutes les parties qui doivent en être arrosées & nourries.

Le corps du fœtus qui n'avoit pas encore les levains destinez à la preparation de sa nourriture, avoit besoin de celle-cy, qui est toute prête. Et la Nature a bien fait de l'animer au commencement par l'esprit que le nerf ombilical luy porte, puisque ses levains & sa chaleur, étoient trop foibles pour en tirer assez des humeurs qu'il reçoit de sa mere, pour si bien preparées qu'elles soient. Mais quand il est devenu plus grand, ses visceres ont des levains assez vigoureux pour la preparation du sang, & un feu assez fort pour en distiller l'esprit. Aussi la Nature ne se contente pas de luy

C

faire recevoir par le nombril un aliment tout prêt à se changer en la substance de son corps, elle luy donne encore par la bouche une espece de gelée, qu'elle filtre du sang à travers les glandes de l'arriere-fais, & par les deux tuniques dont l'enfant est environné, pour la verser dans la cavité du chorion, où cette petite creature est logée.

On ne peut pas douter que cette créme ne soit destinée à sa nourriture, puis-qu'on en a trouvé dans sa bouche, dans son estomach, & même dans ses boyaux greles.

Mais comment peut-elle passer de l'arriere-fais à l'enfant à travers les tuniques qui l'enveloppent, sans se gâter par les eaux qui flotent entre l'Amnios & le Chorion ? Ce ruisseau auroit-il le privilege que les Poëtes donnent au fleuve Alphée, de traverser la mer sans perdre la douceur de ses eaux ? On répond que la liqueur qui passe par un serpentin, traverse l'eau du refrigeratoire sans s'y mêler ; & que les eaux n'étoient pas encore repanduës entre ces deux tuniques, quand la Chymie naturelle y filtroit le suc qui doit nourrir l'enfant, le peu d'urine qui se fait au commencement de sa vie pouvant être contenu dans la vescie ; qui s'en décharge ensuite par l'Ouraque, dés que sa cavité n'est plus capable de la garder. Il n'étoit pas bon qu'elle sortit par l'uretre, parce qu'en se repandant dans la cavité du Chorion, elle eût corrompu la boulie, que la Nature destine à la nourriture du fœtus.

Cette gelée pure entrant donc dans la bouche de l'enfant, qui n'a qu'à l'ouvrir pour recevoir cette pâture, descend dans son estomach, qui la cuit, la digere, & la pousse par sa contraction dans les petits boyaux, où elle se filtre encore à travers les glandes & les tuniques qu'elle y rencontre. Elle coule de là dans les veines lactées qui la portent au canal thoracique, d'où elle passe dans les veines sousclavieres, pour se jetter dans la veine cave, qui la verse dans le ventricule droit du cœur. Ce Roy des visceres se serrant, la chasse non dans le poumon dont les vaisseaux sont encore affaissez, mais dans un canal qui la mene par un chemin beaucoup plus court au ventricule gauche, la respiration impossible au fœtus étant absolument necessaire à la circulation du sang qui s'engage dans le labyrinte formé par les vaisseaux du poumon.

Cette liqueur poussée par le systole du cœur, s'élance du ventricule gauche dans le tuyau de la grosse artere, pour aller arroser & nourrir toutes les parties, à chacune desquelles elle envoye une ramification. Les plantes qui reçoivent une quantité suffisante d'eau chargée des principes qui les doivent composer, croissent à veuë d'œil. Ainsi les parties du petit animal suffisament arrosées de sang empraint de sels, d'esprits & d'autres petits corps qui doivent entrer dans sa composition, s'augmentent en fort peu de temps.

ARTICLE IV.

De la naissance de l'Enfant.

QUAND le fruit est meur il tombe de luy-même; aussi lors-que l'Enfant est bien nourri parfait, ou dans sa maturité, il se détache du corps de sa mere comme de l'arbre qui le porte. La pesanteur du fruit qui grossit à proportion qu'il meurit l'entraînant en bas, le separe insensiblement de la branche qui le soûtient;

ainsi le poids du fœtus déja grand, peut avoir quelque part à sa separation d'avec la matrice. Mais comme la queuë du fruit meur ne recevant plus de nourriture de l'arbre, s'en détache si bien, que le moindre mouvement l'en desunit; ainsi le cordon & le placenta, qui sont à l'enfant ce que la queuë est au fruit, se flétrissant faute d'aliment pour les raisons qu'on a déja dites, se détachent peu à peu de la matrice aux premieres secousses de l'enfant. En effet l'atrophie est une espece de mortification qui separe insensiblement la partie morte de la vivante. Les ongles tombent d'eux-mêmes dés qu'ils sont morts, une esquille, ou une écaille corrompuë d'un os se détache peu à peu de la partie saine; & l'on a veu des parties gangrenées se desunir d'avec les vivantes par la force de la Nature, ou par le secours des remedes qui aident cette desunion. Il est vray que l'arriere-fais n'est pas pourri quand il se détache de la matrice, mais on a prouvé cy-devant qu'il étoit demy mortifié par le défaut de nourriture, & cette mortification commencée est la premiere cause de son détachement achevé par les grands mouvemens de l'enfant & de la matrice, qui sont les principales causes de l'enfantement.

Mais qu'eſt-ce qui fait faire ces grands efforts à l'enfant dans le neufiéme mois, plûtôt que dans un autre?

Un ouvrage ne ſort du moule que quand il eſt parfait. Un priſonnier ne ſort de priſon qu'au temps marqué par le Juge. Le petit animal eſt dans la matrice comme dans une priſon, d'où il ne peut ſortir impunement qu'au terme preſcrit par le Souverain Juge; s'il l'anticipe, on peut dire qu'il a violé la priſon, & la peine que les loix ordonnent à ce crime, le ſuit infailliblement. Mais quand le temps de ſon élargiſſement eſt venu, il hurte à la porte de ſa priſon, il l'ouvre ou l'enfonce, & ſe met en liberté. Mais laiſſant ces cauſes morales aux Orateurs, on cherche les cauſes phyſiques de ſa ſortie. On les fait conſiſter dans les mouvemens extraordinaires de l'enfant & de la matrice, mais on demande la cauſe qui les excite.

L'enfant prêt à naître s'inquiete, parce que la nourriture luy manque, qu'il a beſoin de la reſpiration, & qu'il ſe trouve fort à l'étroit dans le lieu qui l'enferme.

En effet on a déja remarqué que les proviſions ſont achevées au neufiéme mois. Le levain de ſon eſtomach ne trouvant pas d'autre sujet sur lequel il s'occupe, que les tuniques de ce viscere extremement sensible, les piquote & les irrite cruellement. Les esprits qu'elles contiennent en abondance en étant fort ébranlez, vont courir par toute la machine du corps, ils en débandent pour ainsi dire tous les ressorts, en faisant joüer les muscles dans lesquels ils glissent. Leur mouvement rapide est encore augmenté par la chaleur que le june allume dans le corps, cette qualité dependant uniquement de l'exaltation des principes actifs qui n'ont eu que trop de loisir de se dégager par une longue circulation que le sang souffre dans un june excessif sans être renouvellé, ni rafraichy par de nouveau chyle.

Cette augmentation de chaleur rendroit la respiration necessaire au fœtus, quand la premiere éjaculation du sang dans le poumon n'en augmenteroit pas la necessité. On a veu cy-dessus que le sang du fœtus encore petit, passe du ventricule droit du cœur au ventricule gauche par un canal de communication, à qui l'Anatomiste Botala laisse son nom sans circuler par le poumon : mais parce que ce conduit s'affaisse peu à peu, & que son entrée, qui a pris de sa figure le nom de trou oval, se trouve bouchée au neufiéme mois, le torrent de la circulation obligé de chercher une autre route, glisse dans les vaisseaux affaissez du poumon. Cette liqueur s'engageant dans un labyrinte de canaux que les veines, & les arteres y forment, auroit beaucoup de peine à en sortir, si le ressort de la respiration ne commençoit à joüer pour aider son mouvement. Les esprits y courent en foule déterminez par l'irritation que la pesanteur de cette liqueur croupissante causeroit au poumon. Mais l'effort que ce viscere fait pour hâter la circulation, est fort impuissant sans le secours de l'air, qui se mélant avec le sang, le rend plus liquide, & le fait plus aisement rouler dans les veines, & dans les arteres. Le défaut de ce ressort externe, ou de l'air que l'enfant ne trouve pas dans la matrice, le jettant dans un grand danger de suffocation, luy fait faire les efforts extraordinaires qu'on remarque dans un animal qui se sent étouffer. C'est une espece de mouvement convulsif, qui ne manque jamais d'accompagner ces inquietudes que la suffocation donne.

L'engorgement du poumon qui menace le fœtus de ce funeste accident, se rencontre

encore

encore avec une autre cause, qui seule rendroit la respiration de l'enfant, & par consequent sa naissance absolument necessaire, c'est l'accroissement de la chaleur vitale, qui demande pour sa pâture une quantité proportionnée d'air. Celuy que le fœtus recevoit par la respiration de la mere, qui luy en envoyoit un peu par l'artere ombilicale, suffisoit au commencement pour entretenir son petit feu. Mais quand l'enfant est devenu grand, le feu de sa vie qui croit à proportion, a besoin d'une plus grande quantité de pâture, ou son sang d'un plus grand rafraichissement, qui ne luy peut venir que de la respiration. Les personnes qui se sont trouvées dans une étuve, ou dans une grotte trop chaude, ou dans quelque autre échauffement extraordinaire, sans pouvoir respirer, conçoivent mieux que nous les inquietudes de l'enfant, qui se trouvant dans la même peine, fait des efforts surprenans pour en sortir.

La contrainte dans laquelle il est à cause du petit espace qui luy permet à peine de se remuer, n'est pas sans doute un remede à ses inquietudes. Une personne inquiete qui n'a pas ses coudées franches, souffre plus qu'on ne sçauroit dire. Quand le fœtus est devenu grand, il remplit si bien la matrice, qu'il n'a plus d'espace libre pour se mouvoir. Alors l'enfant & l'outre qui le contient, s'incommodent mutuellement; d'un côté, la matrice qui ne pouvant plus ceder, empêche le fœtus de croître & de s'étendre davantage, & même de se mouvoir, le gêne cruellement : de l'autre le fœtus las de cette contrainte, fait de grands efforts pour s'en tirer, & donne divers coups à la matrice, qui entrant dans un mouvement convulsif, se ramasse & se serre pour chasser cet hôte incommode.

L'irritation causée par l'acreté que les eaux de l'enfant ont contractée par un long sejour dans la matrice, pourroit même avoir quelque part à la contraction violente de ce viscere. Toute urine est acre à cause des sels dont elle est chargée, c'est l'eau salée du petit Monde; & comme celle-cy devient plus forte à proportion que ses parties douces se dissipent par une longue digestion sur le feu, ainsi l'urine devient presque rongeante quand elle croupit long-temps dans le corps. On a montré cy-devant que cette eau qui flote entre l'amnios & le chorion, n'étoit autre chose que l'urine du fœtus, qui l'y a versée par l'ouraque,

En croupissant là plusieurs mois, elle est devenuë comme une forte saumure, qui piquotant rudement les tuniques qui la contiennent, & la matrice par communication, excite de grands mouvemens dans toutes ces parties, sur tout quand la rupture de l'amnios la laisse repandre dans la matrice. C'est comme une saumure qui la piquotant vivement, luy cause des épreintes semblables à celles d'une personne à qui l'on donneroit un lavement avec beaucoup de sel. Alors la matrice & l'enfant se servent d'éperon mutuel : si la matrice pousse le fœtus pour le faire sortir, le fœtus à son tour irritant la matrice par ses mouvemens violens, redouble ses efforts. Et comme un estomach extraordinairement irrité par les sels acres d'un vomitif se serre, s'ouvre & se renverse pour chasser la cause de son irritation ; ainsi la matrice piquotée par une eau salée, & battuë par l'enfant qui cherche son issuë, se ramasse, dilate son orifice, & met au jour l'enfant qui l'incommodoit, & qui s'aide beaucoup luy-même quand il est vigoureux. C'est un prisonnier qui n'attend pas que le geolier luy ouvre le guichet, & celuy-cy s'ouvre quelque fois de luy-même, comme celuy de la prison où S. Paul étoit detenu, dés que le Souverain Juge a prononcé l'Arrest de son élargissement. Dés que la matrice est ouverte l'enfant sortiroit de luy-même par son propre poids, & par le penchant du lieu, que les eaux ont rendu glissant, quand il ne seroit pas poussé par la contraction de la partie qui le contient.

On a veu jusqu'icy la formation, l'accroissement & la naissance de l'enfant, pour suivre l'ordre qu'on s'est proposé comme le plus naturel, on doit à present considerer sa vie. On sçait à peu-prés comment la machine de son corps a été bâtie, on souhaite de la voir agir, & de connoître les principes de ses actions.

SECTION II.

De la Vie de l'Animal.

LA Vie consiste dans l'action. Celle de la plante comprend le mouvement & la circulation de l'esprit vegetal, & de la seve, la fermentation, la filtration, & la sublimation de ce suc; & son changement en la substance de l'arbre, en bois, en feüilles, en fleurs & en fruits. Tout cela se reduit à la nourriture, à l'accroissement, & à la production du fruit, & des rejettons, ou à la conservation de l'espece. Ajoûtez à ces operations le mouvement & le sentiment, & vous aurez une juste idée de la vie animale. Enfin de toutes ces fonctions on compose la vie de l'homme, en y joignant le sens commun, l'imagination, la memoire & le raisonnement. Cette derniere vie comprenant donc toutes les autres, on ne sçauroit en donner une connoissance parfaite sans faire connoître à mêmetemps les precedentes.

Pour parcourir les actions de l'Animal dans l'ordre que la Nature suit elle-même, on parlera premierement de sa nourriture, & de son accroissement; en second lieu, du battement du cœur & des arteres; & enfin, du mouvement, du sentiment, de l'imagination, de la memoire & du raisonnement. En effet, l'embryon ou l'œuf reçoit premierement le suc de la matrice pour sa nourriture: Secondement l'esprit genital excitant quelque boüillonnement dans ce suc, fait une espece de battement au milieu du germe, où le cœur paroît sous la forme d'un point rouge, comme on le peut voir dans la formation du poulet. Enfuite l'embryon ou le fœtus, commence à se mouvoir & à sentir; & quelque temps aprés sa naissance, il commence à donner quelques marques de connoissance. Cette Section embrassera donc trois articles principaux. Dans le premier, on expliquera la nourriture & l'accroissement de l'Animal. Dans le second, le battement du cœur & des arteres, & la circulation qui n'en est qu'un effet. Dans le troisiéme & dernier article, on traitera du mouvement, du sentiment, du sens commun, de l'imagination, de la memoire & du raisonnement.

ARTICLE I.

De la nourriture & de l'accroissement de l'Animal.

LA nourriture n'est autre chose que le changement de l'aliment en la substance du corps nourri. La perte continuelle que l'Animal fait de sa propre substance, luy rend cette reparation fort necessaire.

La Nature a mis dans son estomach un sel acide, qui détermine l'Animal à chercher la matiere dont il doit reparer sa machine. Le sentiment de cette piqueure que cause le levain de l'estomach, se nomme l'appetit, qui répond au soin, ou à l'empressement qu'a un Architecte pour amasser les materiaux dont il veut bâtir sa maison. Mais comme les materiaux doivent être taillez avant que d'être mis en œuvre, ainsi les alimens dont le logis de nôtre ame se bâtit, ont besoin d'être preparez avant que d'entrer dans la composition du corps animé. Et comme pour être portez à toutes ses parties par une infinité de canaux dont les uns sont déliez comme des cheveux, & les autres entortillez comme des serpentins, ou les détours d'un labyrinte, leur matiere avoit besoin d'une grande liquidité, la pluspart des preparations que la Nature luy donne dans le corps de l'Animal, tendent à la diviser pour la rendre plus coulante, & pour dégager ses principes actifs qui doivent être la principale cause de sa fluidité, & les vrais materiaux de l'édifice qu'elle éleve.

Quoy-que les alimens liquides puissent acquerir quelque nouveau degré de division dans le corps animé, il est pourtant certain que le principal soin que la Nature prend de rendre liquide ce qui le doit nourrir, regarde les solides, qui ne pourroient autrement que croupir dans l'estomach, ou dans les boyaux, sans pouvoir entrer dans les petits tuyaux qui les doivent mener aux parties.

Elle les met d'abord dans la bouche comme dans un moulin, où les dens comme autant de petites meules, les écrasent, ou comme dans un mortier où les dens font l'office de pilons. Cette division ne sert pas seulement à disposer les alimens à passer doucement par le détroit de la gorge ou du Pharynx (C'est l'orifice superieur de ce canal, qui mene les alimens de la bouche à l'estomach) mais encore à ouvrir leur corps à la salive qui les doit penetrer pour les convertir en pâte, & pour servir de levain à cette pâte même par le moyen de l'esprit acide dont cette liqueur est chargée. Pour cet effet la Nature a tiré des glandes jugulaires & parotides comme des sources, divers canaux jusqu'à la bouche, où ils doivent verser la salive, à même-temps que les dens brisent les alimens qu'elle doit ramollir. C'est ainsi que dans les Papeteries on voit divers tuyaux qui portent l'eau dans les huches, où la matiere du papier est pilée par plusieurs pilons.

Pour remuer ces pilons naturels, qu'on nomme les dens, la Nature donne à la machine, dans laquelle ils sont enchassez, divers muscles, comme autant de ressorts, qui par leur contraction ou leur relâchement luy font faire tous les mouvemens necessaires.

Mais parce que le mouvement presque continuel de ces pilons les pouvoit ébranler, la Nature a pris soin de les affermir, en les enchassant dans une matiere fort solide, je veux dire, dans l'os de la machoire.

Quand ils ont reduit en pâte les morceaux avec le secours de la salive qui les a fort ramollis, cette masse est plus propre à chatoüiller par sa mollesse le conduit membraneux qui la doit porter dans l'estomach, qu'à l'irriter, comme les morceaux mal mâchez l'irriteroient par leur dureté.

Leur décente est facilitée par leur propre poids, par le penchant du lieu, & par la contraction du canal qui se serre pour les chasser en bas. L'estomach est comme une bouteille, où les alimens sont mis en digestion : l'Æsophage en est le col, & la

L'Æsophage

bouche, l'entonnoir, ou l'orifice dilaté, pour mieux recevoir ce qu'on y veut mettre.

Et comme les Chymistes ne mettent point de matiere seche en digestion, sans l'arroser de quelque liqueur, dont les parties par leur mouvement continuel aident le dégagement des principes qu'on en veut tirer ; ainsi l'animal verse sur les alimens solides qu'il avale, une quantité suffisante de boisson qui les détrempe & les divise.

Mais la principale cause de cette division consiste dans un dissolvant composé de l'acide volatile de la salive & de l'acide fixe que les glandes de l'estomach fournissent, & de l'esprit animal que les nerfs y versent. C'est, pour ainsi dire, le premier mobile qui ébranle toutes les parties des alimens solides. Le second consiste dans les esprits & les sels des alimens mêmes. Car ces principes dégagez par la division des parties grossieres qui les tenoient liez & comme emprisonnez, entrent eux-mêmes en mouvement pour composer un corps liquide, au lieu que par leur repos ils en faisoient auparavant un solide. L'un & l'autre de ces mobiles est aidé par la chaleur du Bain-Marie, que le sang des veines & des arteres, du foye & de la rate, fournissent autour de l'estomach; & par le feu de fumier que les boyaux luy fourniffent. Ce vifcere eft comme le pot de la cuifine naturelle, autour duquel la Nature allume un feu, que les Chymiftes appellent feu de rouë.

Au refte la machine que Mr. Patin a inventée pour reduire les os en boulie, n'étant autre chofe qu'une efpece de B. M. montre affez, combien la fufion des alimens peut être aidée par la chaleur naturelle, qui ne differe point du tout de celle de ce bain.

Quand donc les alimens fe font changez par leur diffolution en cette creme, qu'on nomme Chyle, c'eft à dire, corps liquide ou fondu, ils décendent dans les boyaux greles par leur propre liquidité, par le penchant du lieu, & par l'impulfion de l'eftomach, qui fe ferre pour les chaffer.

Ils trouvent dans les inteftins un nouveau divifeur, un fuc acide qui coule d'une glande, fituée au deffous de l'eftomach, & un fuc amer qui décend du foye. Au concours de ces trois humeurs il fe fait une fermentation qui fubtilife le Chyle & dégage fes efprits, fes fels volatiles & fes foufres. De la précipitation imparfaite que l'acide caufe à ceux-cy, dépend la blancheur de cette creme, comme on le peut conjecturer de celle que le vinaigre ou l'esprit de soufre donnent aux magisteres de soufre.

Le même exemple prouve que l'acide du Pancreas precipite du Chyle les impuretez sulphurées, qui sont jettées par le fondement, comme un marc inutile à toutes les operations de la Nature.

Et quand on a senti la mauvaise odeur que les acides donnent aux precipitez soufreux, comme au soufre doré d'antimoine, on ne doute pas que le suc Pancreatique, qui précipite les soufres grossiers & impurs du Chyle, ne fasse le même effet dans les excremens.

Aprés cette separation du pur & de l'impur, le Chyle plus subtil se filtre plus aisement par les glandes, dont la membrane interne des intestins est parsemée.

De ce filtre il entre dans ces vaisseaux déliez, à qui la blancheur du Chyle a fait donner le nom de veines lactées. Par ces petits canaux, qu'on découvre dans le mezentere quand ils sont pleins de cette liqueur blanche, elle parvient au reservoir que Mr. Pequet a trouvé le premier sur les vertebres des lombes, aprés avoir été filtrée une seconde fois à travers une grosse glande, située au milieu du mezentere.

Le Pancreas d'Asellinus.

Le Chyle prend dans cette éponge glanduleuse une limphe pleine d'esprits, qui luy sert de vehicule & de levain, pour le changer en sang par une vigoureuse fermentation qui exalte les esprits & ses autres principes actifs.

A la faveur de ce vehicule il parvient plus aisement dans le bassin de Pequet, où il reçoit un nouveau secours des vaisseaux lymphatiques, qui luy portent encore là l'esprit qui le doit metamorphoser en sang par l'exaltation de ses principes actifs.

Mais le peu de sejour qu'il fait dans ce sac membraneux ne suffit pas pour cette metamorphose, qui ne s'acheve qu'aprés que cette creme a été mêlée avec le sang, & qu'elle a long-temps fermenté & circulé avec luy.

Pour cét effet elle monte de ce reposoir par un canal membraneux, situé le long des vertebres de la poitrine, jusqu'aux veines souclavieres, avec lesquelles ce tuyau communique par plusieurs embouchures. *Canal Thorachique.*

Cette élevation se fait par les esprits & les sels volatiles que la chaleur des entrailles fait sublimer, par le battement de la grande artere, prés de laquelle le bassin du Chyle est situé, & par le pressement des deux racines du diaphragme, attachées à l'endroit des lombes, & ébranlées par les secousses continuelles de ce viscere. Enfin le Chyle qui se sublime le long du canal thoracique est poussé par tous les pistons qui l'ont fait décendre de l'estomach dans les boyaux, & passer de ceux-cy dans le reservoir de Pequet, par les filtres des intestins & par les veines lactées. Le diaphragme qui presse & secouë l'estomach par son battement continuel, le foye que le diaphragme fait monter & décendre comme un martinet, pressant l'estomach & les boyaux, enfin le ressort des fibres charnuës & circulaires de l'estomach & des intestins, toutes ces parties sont autant de machines qui poussent le Chyle pour le faire monter jusqu'à ces veines qu'on nomme sousclavieres, pour être situées soûs ces os, qui font la clôture de la poitrine.

Les Clavicules.

C'est là que ce ruisseau de lait se jette dans un fleuve de sang qui le mene bien-tôt dans la mer rouge du cœur. Mais avant que de voir le changement que ce mélange luy cause, on suivra quelques ramifications du canal thoracique, qui s'écartant vers les côtez, vont se terminer aux mammelles des femmes. Cette insertion des veines lactées, & la parfaite conformité du Chyle avec le lait, prouvent que cette douce nourriture des enfans a sa premiere source dans l'estomach de leurs nourrices. Leur foible estomach ne pouvant digerer un aliment solide, la Nature ne se contente pas de leur en préparer un liquide dans l'estomach de leur mere, mais elle le leur perfectionne encore par cette longue circulation qu'elle luy fait faire avant de parvenir aux mammelles, par les levains qu'il prend dans ce chemin, & par la douce fermentation, digestion & filtration qui s'en fait dans les glandes du sein.

Ce Chyle ainsi préparé entrant dans le corps d'un enfant qui tete, y reçoit de nouvelles préparations, divisions, fermentations, filtrations, circulations & sublimations, jusqu'à ce que parvenu au bout du tuyau thoracique, il se mêle avec le sang des veines sousclavieres.

Là ce Prothée commence à prendre une nouvelle forme, de blanc il devient rouge: en un mot il se change en sang. Il est bien vray que le Chyle porte dans son sein le principe de cette metamorphose, puis qu'on l'a veu rougir par sa propre fermentation dans une veine lactée, où l'on l'avoit arrêté par le moyen de deux ligatures. Ses esprits, ses sels volatiles & ses soufres s'étans exaltez par ce mouvement intestin que la chaleur des entrailles luy causoit, donnerent aux parties de cette liqueur cét arrengement qui fait paroître un corps rouge. Mais comme le dégagement ou l'exaltation des principes actifs se fait encore mieux dans les vaisseaux qui contiennent le sang, & dans les visceres par où il passe, on peut dire que c'est là principalement que le sang se forme. Le sang déja vieux sert de levain au nouveau ; Le vin épuré fait fermenter le moût, qui porte neanmoins les principes de son ébullition, ses esprits, ses sels & ses soufres. Le fort vinaigre qui reste dans la burette, aigrit incontinent le vin qu'on y ajoûte, & la vieille pâte sert de levain à la nouvelle. Les principes actifs du sang aydent par leur grand mouvement le dégagement de ceux du Chyle, & c'est dans leur exaltation que consiste la maturité du Chyle, ou son changement en sang.

Quand le Chyle ne feroit que rouler avec le sang dans le vaisseau circulatoire du corps animé, cette circulation & le ferment du sang suffiroient pour élever ses principes actifs à ce degré de perfection qui fait le

sang,

sang, sans que les parties par lesquelles cette matiere passe, contribuassent rien à l'exaltation de ses esprits. On voit tous les jours dans les laboratoires des liqueurs changer de couleur & de forme, par la seule digestion & circulation, sans que les vaisseaux ayent aucune part à ce changement. Quelle part a le tonneau à la metamorphose du moust en vin, ou de la ptisane d'orge en biere ? Mais les visceres par lesquels le chyle circule, aident fort son changement en sang par leur chaleur, leur mouvement ou leurs levains. Si le doux feu du Bain-Marie qui regne par tout le corps, est une des causes de la sanguification, on peut dire que les visceres où la chaleur est plus forte, y contribuent plus que les autres parties du corps. Mais comme le cœur est le principal foyer du laboratoire animé, ce n'est pas sans raison qu'on luy donne la principale part dans ce changement de chyle en sang. De là vient qu'il n'est pas plûtôt mêlé avec le ruisseau de la circulation dans les veines sousclavieres, qu'il est d'abord porté dans la veine cave pour être jetté dans le cœur.

Ce viscere est comme une brasserie où cette liqueur blanche est battuë, divisée &

subtilisée par un battement continuel. Les Brasseurs sçavent si cette agitation est utile pour hâter la fermentation d'une liqueur, & le dégagement de ses esprits. Ces principes actifs n'ont besoin que de mouvement pour se dégager des parties grossieres, qui les tiennent emprisonnez ; on leur en donne par cette operation. On voit par là même comment la chaleur, qui n'est autre chose qu'un mouvement, sert à l'exaltation de ces principes, & la part qu'y peut avoir le cœur, le Soleil du petit Monde, ou le reservoir du feu central, par lequel on n'entend autre chose que les esprits les plus remuans, les sels les plus volatiles, les soufres les plus vifs, & les plus inflammables.

Et c'est dans l'assemblage de ces principes fort exaltez, que consiste le levain que le chyle trouve dans le cœur. Ces corps remuans se joignans avec ceux de leur espece, qui composent le chyle, leur font part de leur mouvement specifique, ou essentiel aux parties du sang ; car la nature d'une liqueur ne consiste pas seulement dans une certaine quantité de chaque élement, d'esprits, de sels, de soufres, de phlegme & de tête-morte, mais encore dans une certaine espece de mouvement qu'ont les petites parties qui la composent. Le mouvement est commun à tous les corps liquides. Mais chaque espece de liquide a son mouvement particulier. Les parties de l'eau se meuvent autrement que celles du vin. Le moust même a dans ses parties une agitation differente de celle qui est essentielle à celles du vin, quoy-qu'il ne soit qu'un vin imparfait. Ainsi le chyle qui est au sang ce que le moust est au vin, a son mouvement particulier, distingué de celuy du sang. Celuy qui fait l'essence de cette derniere humeur, se trouve bien par tout où il y a des veines & des arteres, mais il se rencontre principalement dans ce sang qui reste dans les cavitez du cœur, soit qu'il en demeure toûjours quelque peu dans les fossetes qu'on y remarque pour servir de levain au sang cru qui s'y verse de nouveau, ou que celuy qui reste aprés chaque systole du cœur, soit suffisant pour cette fermentation qui fait le sang.

Cette masse composée de chyle & de sang, est chassée du ventricule droit du cœur dans le poumon, où elle se mêle avec l'air chargé d'un esprit, qui rehausse sa rougeur par l'exaltation de ses soufres. C'est pourquoy le sang de la veine pulmonaire est plus vif & plus pourpré que celuy de l'artere, & celuy qui sort du ventricule gauche, plus rouge que celuy qui part du ventricule droit. Quand on renverse une palete de sang, celuy qui paroissoit noir au fond, reprend un beau rouge dés qu'il est exposé à l'air; & dans la machine du vuide, il devient brun tirant sur le noir, quand l'air en est pompé, au lieu qu'il recouvre sa rougeur naturelle, quand on laisse rentrer l'air dans la machine. Si l'on intercepte l'air qui entre dans les poumons, & qu'on en ouvre à même-temps quelque artere, on verra couler le sang épais & noir; au lieu qu'en laissant rentrer l'air, on rend au sang sa couleur vermeille. On n'est pas bien d'accord sur la matiere de cet esprit qui produit cet effet sur le sang, les uns pretendant que c'est celuy de nitre, appuyez sur les experiences qui ont tiré beaucoup de nitre de l'air, & sur la rougeur des vapeurs nitreuses qui remplissent le balon quand on tire l'esprit de nitre: les autres conjecturant que c'est l'esprit de sel ammoniac, de ce que cet esprit versé sur le sang que la coagulation a rendu livide, luy donne l'éclat de l'écarlate. Mais on convient du principal sujet de la rougeur, qu'on fait consister dans le soufre du sang divisé & meu en rond par ces esprits qui circulent autour de ses globules; car quand le microscope de Monsieur Levvenhook n'auroit pas découvert des petites boules dans le sang, l'experience qui montre que les parties sulphurées & huileuses, se ramassent toûjours en rond dans une liqueur qui n'est pas de leur nature, auroit bien fait conjecturer que celles du sang ne pouvoient pas avoir d'autre figure dans le phlegme qui les porte. Et comme il est naturel aux corps ronds de pyroüeter, quand quelque chose s'oppose à leur mouvement direct, mais sur tout quand ils sont environnez d'un tourbillon de matiere qui se meut en ce sens, on ne doit pas s'étonner si l'on voit tourner sur leur centre les petites boules du sang, qui rencontrant par tout des obstacles à leur mouvement droit, sont de plus entourées d'un petit tourbillon d'esprits qui tournent autour d'elles. Si l'on joint à cette observation celles des Physiciens, qui prouvent que le pyroüettement des petites boules de la lumiere, font paroître rouge le corps qui leur a donné cette détermination de mouvement, on aura une cause fort vray-semblable de la rougeur qu'on voit dans le fang, les parties de cette humeur ne pouvant guere donner aux globules lumineux qui les touchent, que la modification de mouvement qu'ils ont eux-mêmes.

Enfin pour être convaincu que les soufres ont la principale part à la pourpre du sang, sans rechercher si curieusement par quel moyen ils produisent ce phenomene, on n'a qu'à faire reflexion d'un côté sur les graisses & les huiles, toutes matieres sulphurées qui entrent dans nos corps avec les alimens, & de l'autre sur la rougeur que prend la teinture de soufre faite avec l'esprit de vin, à la place duquel il faut mettre l'esprit du sang dissout dans le phlegme, pour avoir un juste parallele. Dans cet exemple l'esprit de vin dissout le soufre, celuy du sang divise aussi les soufres du chyle, afin qu'ils laissent aller les esprits & les sels, qu'ils tenoient embarrassez dans leurs parties rameuses. Cette division se peut faire par tout où le chyle se trouve mêlé avec le sang, mais elle trouve un grand secours dans le poumon, non seulement par l'esprit de l'air que la masse du sang y reçoit, mais encore par le battement continuel de ce viscere, qui est comme une seconde brasserie où cette biere naturelle est battuë & brassée pour ainsi dire.

La troisiéme est dans le ventricule gauche du cœur, où la veine du poumon le porte. Car cette cavité meurit encore le chyle, & en hâte la fermentation qui le convertit en sang, non seulement par le levain vif qu'elle luy fournit, c'est à dire, par les esprits extremement subtils, par des sels fort volatiles, & par des soufres fort exaltez, mais encore par son battement, qui divise encore le sang, & le subtilise, pour mieux exalter ses principes actifs, dans lesquels consiste toute la vertu qu'il a de nourrir le corps, les autres ne leur servant que de vehicule, ou d'entraves.

Cette exaltation des principes actifs ne s'acheve pas pourtant à la premiere fois que le sang passe par le cœur, c'est pourquoy il y repasse mille & mille fois pour achever la digestion des parties cruës du chyle. Elle continuë méme à se faire dans tout ce grand tour de la circulation, la chaleur de tout le corps, le battement des arteres, le pressement des muscles, le mouvement peristaltique de toutes les parties, toutes ces choses font de tout le corps une brasserie où le sang est sans cesse battu pour l'exaltation de ses esprits.

Mais parce que ses principes actifs pourroient entrer dans un si grand mouvement, qu'on auroit sujet de craindre leur dissipation, la Nature ne s'est pas contentée de leur donner tous ces éperons dont on vient de parler, elle leur a fait aussi une bride dans le sel fixe, qu'elle a mis dans la rate, pour donner à tout le sang que la circulation y porte, la consistance qu'il doit avoir, en moderant l'impetuosité de ses principes trop remuans.

La Nature auroit beau travailler à fixer les soufres du sang, de peur qu'ils ne produisent un embrasement universel, & que le petit monde, aussi bien que le grand, ne perisse par feu, elle ne l'empêcheroit jamais, si elle ne chassoit hors de la masse du sang les plus déchainez, ou les plus inflammables. Pour cet effet elle fait passer tout le sang dans le foye, qui comme une éponge huileuse & graisse, se charge des soufres superflus, & trop exaltez du sang, les glandes dont tout ce viscere est composé étant autant de filtres propres à couler les impuretez soufrées, plûtot que les autres, & tous les vaisseaux biliaires autant de veines d'une mine de soufre, qui se vuide par
les

les boyaux, & par le fondement.

Voila le soin que la Nature a pris pour empécher que le petit Monde ne perit par feu, mais ne l'a-t'elle pas muni contre les inondations ? L'Arc-en-ciel promet bien que le grand Monde ne sera plus couvert d'un déluge universel, mais le petit n'a pas la même promesse. L'excez du phlegme n'est pas pourtant moins nuisible que le mouvement excessif des principes actifs. Si celuy-cy trouble toute l'œconomie naturelle, dissipe la substance du corps, & détruit enfin la machine exposée à sa violence, celuy-là éteint les esprits, ou le feu sans lequel il ne se peut faire aucune bonne operation dans le laboratoire du corps animé. Dieu pourvoit aussi à l'évacuation de cette eau superfluë, en luy crûsant divers aqueducs dans les reins, où la masse de sang est portée par l'artere émulgente, pour laisser son phlegme dans une infinité de glandes, comme dans autant d'éponges qui la boivent, & s'en déchargent chacune dans son tuyau particulier, par lequel elle coule dans le bassin du rein. De ce reservoir elle tombe par une casquade naturelle dans l'uretere, autre aqueduc membraneux qui la mene dans la vescie. Celle-cy est comme le balon qu'on applique au bec d'un alembic, ou d'une cornuë, l'uretere en est le col, le corps du rein est l'alembic, & son bassin l'entonnoir où l'orifice de ce balon dilaté pour mieux recevoir la liqueur qui distille. Mais comme on voit des balons qui ont deux cols, & qu'on appelle en termes de Chymie, bâtons à deux becs, ainsi la vescie n'a pas seulement un col pour recevoir l'urine, ou le phlegme qui se distille du rein, sçavoir l'uretere, elle en a encore un autre par où elle s'en vuide, c'est l'uretre, ou le canal par lequel l'animal urine.

Le phlegme superflu ne se separe pas du sang par distillation ou par filtration seulement, mais encore par évaporation. C'est une des operations les plus ordinaires de la Chymie, pour dissiper la partie aqueuse qui affoiblit les liqueurs, dont elle veut augmenter la vertu. Et comme la Chymie artificielle n'y employe qu'un petit degré de feu, de peur de chasser le bon d'avec le mauvais : ainsi la Chymie naturelle n'allume dans le corps qu'une chaleur moderée, comme celle du B. M. qu'on peut remarquer dans toutes les parties, pour évaporer le phlegme superflu du sang. Si les vapeurs qui partent d'une liqueur chaude ne trouvent rien qui les arrête, & qu'une chaleur mediocre n'en pousse qu'une petite quantité, elles se dissipent insensiblement, c'est l'image de la transpiration insensible. Mais si un feu fort en fait monter une grande abondance à la fois, & que quelque corps s'oppose à leur dissipation, elles s'y épaississent en eau, c'est l'embleme de la sueur. Par l'une & par l'autre, le sang se purifie, en se déchargeant du phlegme le plus délié que la chaleur du corps convertit en vapeur, le plus grossier qui ne peut pas le suivre, coulant d'ordinaire par les autres aqueducs qu'on a déja marquez. A moins que l'ardeur soit si forte qu'elle fasse évaporer les eaux les plus pesantes ; comme les grandes chaleurs de l'esté tarissent les ruisseaux du grand monde, ainsi un grand feu consumant la matiere des urines, les aqueducs du petit monde ne coulent plus, quand on suë beaucoup, on urine peu.

Mais les principes actifs du sang ne couroient pas seulement risque d'étre éteints & noyez dans l'excez du phlegme, ils seroient encore embarrassez dans ses sels fixes & ses parties terrestres, si le superflu de ces principes passifs entraînez en bas par leur propre pesanteur, ne s'évacuoit par les glandes des gros boyaux, qui sont la cloaque & l'égout de tout le corps.

Le sang ainsi épuré, est poussé par le ressort du cœur & des arteres, aux parties qui s'en doivent nourrir. Ses principes ont été dégagez par toutes les operations precedentes, afin que les utiles puissent se separer des inutiles, & les bons d'une espece de ceux d'une autre espece, les uns étant propres à nourrir une partie, & les autres une autre. Les pores de chaque partie sont tellement configurez, qu'ils ne reçoivent que les petits corps qui sont propres à la nourrir. L'analyse que la Chymie a faite des parties de l'animal, fait bien voir que tous les principes chymiques entrent dans sa composition, puis-qu'on en tire du phlegme, de la tête-morte, des esprits, des sels, & des soufres, mais elle montre aussi que ces trois derniers y abondent plus à proportion que les autres. Par où l'on peut rendre raison de ce que les alimens grossiers, comme le pain bis, les legumes, les chairs maigres, qui n'ont presque que du phlegme & de la terre, sont moins propres à nourrir, que les chairs des animaux gras, qui sont pleins d'esprits & de sels volatiles.

Ces principes s'enchassent dans les petits vuides qu'ils trouvent dans les parties de l'animal. Tout le corps animé n'est qu'un assemblage de tuyaux, ou de petits sacs membraneux, dont la plenitude fait l'embon-point, & leur vuide la maigreur. La peau de l'animal est le grand sac qui contient tous ces petits. Ce sac est au commencement fort serré & fort étroit, mais l'introduction d'une nouvelle matiere le distend & le dilate. Il en entre tous les jours par la bouche de l'animal, comme par la geule du sac, & parcourant l'œsophage, l'estomach, les boyaux greles, les veines lactées, le reservoir de Pequet, le canal thoracique, les veines sousclavieres, le tronc décendant de la veine cave, le ventricule droit du cœur, le poulmon, le ventricule gauche du cœur, enfin par la grande artere & par ses rameaux elle est portée aux parties, dont tous les vuides se remplissent insensiblement. Si elle ne remplit que ceux que l'écoulement ordinaire a laissé vuides, l'animal ne fait que se nourrir, comme une maison ne fait que se reparer sans s'élever davantage, si l'on se contente d'y mettre ce qu'elle a perdu. Mais comme une maison devient plus grande, lors qu'on y remet plus de materiaux qu'il ne s'en ôte, aussi l'animal croît, quand par les alimens il recouvre plus de substance qu'il n'en avoit perdu. Alors se remplissent non seulement les niches, que la diffipation ordinaire avoit vuidez, mais encore plusieurs autres tuyaux affaissez, que l'abondance de la matiere ouvre par l'impulsion des pistons qui la poussent. Mais parce que ces vuides ne peuvent pas recevoir toute celle qui leur est apportée par l'artere, à cause de leur plenitude, ou de la conformation de leurs pores, qui ne s'ajuste pas avec la figure des petits corps qui se presentent pour y entrer, la Nature a tiré un autre canal depuis chaque partie jusqu'au cœur, pour y rapporter le sang qui n'a pû s'employer. Ce vaisseau se nomme veine, du mot Latin, *venir*, parce qu'il est le chemin par lequel les humeurs viennent des extremitez du corps au cœur, & l'autre s'appelle artere, comme qui diroit le reservoir de l'air ou de l'esprit, les Anciens ayans crû qu'elle ne contenoit que l'esprit vital.

ὅτι ἄηρα τηρεῖ.

Elle porte continuellement aux parties dequoy reparer leurs breches, parce qu'il n'est point de moment auquel elles ne perdent quelque peu de leur substance, leurs principes fort exaltez tendans toûjours à prendre l'essor, poussez par la chaleur du dedans & par celle de dehors. De là vient que le cœur & les arteres qui leur envoyent ou portent les materiaux, battent sans cesse:

ce sont des manœuvres qui n'ont pas un moment de repos, travaillans sans relâche à bâtir ou à reparer le logis de nôtre ame, c'est à dire, à la nourriture ou à l'accroissement de nôtre corps. Ce sont les deux premieres operations que la Nature fait dans l'embryon, qui recevant dabord le suc de la matrice, s'en nourrit & croît. Mais parce que cette humeur continuë dans le corps du fœtus la fermentation qu'il a commencée dans le corps de la mere, ses esprits se dégagent, & préts à prendre l'essor, ils poussent les côtez du vaisseau qui les contient. C'est la cause du premier battement du cœur, qui paroît au commencement sous la forme d'un point rouge qui se dilate & se serre avec quelque vitesse.

Mais l'exaltation de cét esprit qui fait la vie, & le battement qu'il cause au cœur naissant, appartiennent aux actions vitales, dont on a promis de parler dans l'article second de cette section.

ARTICLE II.

Des actions qu'on nomme vitales.

LA production du feu vital, ou de la chaleur naturelle, le battement du cœur & des arteres, la circulation des humeurs & la respiration portent ce nom, parce qu'elles sont si necessaires à l'animal né, qu'il ne peut s'en passer un espace considerable de temps, sans courir risque de sa vie. Un homme peut vivre quelque temps sans prendre de nouvelle nourriture, & sans faire aucune des autres fonctions qu'on vient de mettre au nombre des naturelles. Ceux qui dorment ne se meuvent ny ne sentent, ils ne font d'ordinaire aucun acte de sens commun, d'imagination, de memoire, ou de raisonnement : & cependant la suspension de toutes ces fonctions ne les empêche pas de vivre. Mais on ne sçauroit subsister un moment sans la chaleur naturelle, le battement du cœur & des arteres, & la circulation du sang. On peut bien se passer quelques momens de la respiration, le fœtus s'en passe même, tant qu'il demeure dans le sein de sa mere, mais l'animal né ne la sçauroit arrêter

arrêter long-temps sans s'exposer à une mort certaine.

On commencera l'explication des actions vitales par la production de l'esprit vital, du feu vital ou de la chaleur naturelle, parce qu'elle est la premiere source de toutes les autres, le cœur ni les arteres ne commençant à battre, ni les humeurs à rouler que par l'impetuosité de cet esprit, & la respiration n'étant principalement destinée qu'à entretenir ou à moderer ce feu invisible, ou à produire cet esprit.

L'esprit est une matiere fort subtile & remuante, le principe du mouvement & de l'action. Mais son activité est ordinairement émoussée par les entraves de la matiere grossiere qui la tient embarrassée, jusqu'à ce que quelque dissolvant vienne rompre ses liens, ou enfoncer ses prisons en divisant le sujet qui l'enveloppe. Alors toutes les parties entrant en mouvement, s'entre-poussent & s'entre-brisent pour laisser aller l'esprit qu'elles enfermoient. Il n'est point de matiere dans le monde qui ne contienne quelque peu de ce premier mobile, mais celle dont les animaux sont composez en a plus que toutes les autres. Les alimens même qui entrent dans leurs corps, en sont tous pleins, mais ils tiennent lié & ensevely ce principe actif dans l'embarras de leurs parties, jusqu'à ce que ce mouvement intestin qu'on nomme fermentation, le délie & le ressuscite, pour ainsi dire.

Pour cet effet les alimens ne sont pas plûtôt dans la bouche, que la Nature les détrempe dans la salive qui leur sert de levain par son esprit acide & penetrant. Ce dissolvant commence à ouvrir les prisons où les esprits sont detenus, en incisant les parties rameuses & visqueuses. En effet, si l'on garde cette pâte qui s'est pêtrie dans la bouche par la mastication, elle s'aigrit & se corromp bien-tôt par la dissolution de ses principes, qui s'en volant aprés leur dégagement, ou leur exaltation excessive, vont choquer les nerfs olfactoires de ceux qui s'en approchent.

Mais cette fermentation des alimens qui commence dans la bouche, trouve un grand secours dans le levain de l'estomach, qui par une division plus exacte, convertit la pâte des alimens en liqueur. Ce dissolvant composé de l'esprit qui coule du cerveau par les nerfs, de celuy de la salive, & de celuy qui se filtre à travers les petites glandes, dont la surface interne de l'estomach est toute parsemée, découpe les parties embarrassantes, donne le branle à tous les principes actifs, & exalte principalement l'esprit.

Cette douce ébullition qui produit ce dégagement, est entretenuë & même augmentée par l'acide du suc pancreatique, & par l'alkali de la bile dans les boyaux greles, & par la lymphe spiritueuse que le chyle rencontre dans le pancreas d'Asellius, & dans le canal thoracique, où plusieurs vaisseaux lymphatiques vont verser leur liqueur comme un nouveau levain. Dans toutes ces parties il se fait une douce digestion par la chaleur vigoureuse & moderée des entrailles, qui dégage les esprits par le mouvement qu'elle leur donne. Mais il s'y fait aussi une fermentation continuelle par le moyen de plusieurs levains qui ouvrant le corps du chyle, en font sortir les principes les plus impetueux, dans lesquels consiste la semence du feu vital, ou de la chaleur naturelle.

L'esprit qui se dégage par les fermentations du chyle, peut être nommé l'esprit naturel, parce qu'il se forme dans ces parties que les Anatomistes appellent naturelles. Il est comme l'esprit du moust qu'une fermentation imparfaite laisse encore embarrassé dans les parties grossieres. Mais comme l'esprit du moust n'est different de celuy du vin, qu'en ce qu'il est moins dégagé & moins exalté ; ainsi l'esprit du chyle, ou l'esprit naturel, est le même que celuy du sang, ou l'esprit vital, leur difference ne consistant qu'en un divers degré d'exaltation. L'esprit caché dans les alimens, ou dans le chyle, est comme la racine de l'esprit qui doit animer le sang, la semence du feu qui s'acheve d'allumer dans le cœur, & comme la premiere source de la vie animale. Ce feu secret est contenu dans son premier sujet comme les étinceles dans le caillou, duquel Achates les fit sortir le premier. Et comme ce feu ne se tire de la pierre que par le mouvement, ainsi la flamme vitale ne s'allume dans les humeurs que par l'agitation des parties, ou par leur fermentation. Le vin & la biere s'échauffent en fermentant, leurs esprits, leurs sels & leurs soufres entrant dans ce mouvement rapide qui fait la chaleur.

Mais comme les fermentations du chyle n'avoient été ni assez longues, ni assez fortes pour élever les esprits à ce degré d'exaltation, ou de dégagement qui produit le feu vital, le chyle avoit encore besoin de nouvelles ébullitions pour débarrasser ces principes de leurs entraves. C'est pourquoy il est jetté du canal thoracique par les veines soûclavieres & la veine cave, dans le cœur comme dans un crûset ardent, qui le faisant d'abord boüillir, met ses esprits dans ce degré de mouvement ou de rapidité, qui est essentiel au feu vital. C'est aussi dans ce degré d'exaltation ou de dégagement, que consiste la nature de cet esprit qui porte le même nom, & qui est à l'égard de l'esprit du chyle, comme l'esprit de vin, qui n'est pas encore distillé, à l'égard de celuy du moust. Par où l'on peut comprendre combien peu de difference on met entre l'esprit & le feu vital, entre le mouvement des parties actives du sang & sa chaleur naturelle.

La poitrine est donc comme le principal fourneau où la Nature allume le feu de la vie. Le bas ventre fournit, pour ainsi dire, le bois ou la pâture visible de ce feu, en luy preparant le chyle ou la matiere du sang : mais comme le bois seroit inutile pour entretenir le feu qui manqueroit d'air ou de pâture invisible, ainsi le chyle & le sang ne fairoient qu'étouffer le feu vital, si le poumon ne luy fournissoit l'air ou la pâture invisible dont il a besoin. En bouchant tous les regiſtres d'un fourneau, on en éteint incontinent le feu, & en fermant la bouche & les narines qui sont les principaux regiſtres du fourneau naturel, on étouffe d'abord la flamme de la vie. Le cœur eſt le grand foyer de ce fourneau, ou comme une lampe où la Nature verſe continuellement la liqueur graſſe & huileuſe du ſang pour entretenir la flamme vitale. Et comme il ne ſe fait jamais feu ſans fumée, & que cette fille ne manque jamais de tuer ſon pere, ſi elle ne trouve quelque iſſuë pour s'en écarter, auſſi la Nature qui prend un ſoin merveilleux de conſerver ce feu vital, luy a fait dans le poumon une cheminée, qui a autant de tuyaux que de bronches, aboutiſſant tous au grand tuyau de l'apre artere, par où les fumées du feu vital ſe vont rendre à la bouche ou aux narines, comme aux orifices de la cheminée.

Le feu qu'on allume ſous la cheminée ſe fait ſentir dans toute la chambre, & celuy que la Nature allume principalement dans la poitrine, repand ſa chaleur par tout le corps. Le ſang qui la porte par tout, eſt comme un bain chaud, ou comme une fomentation naturelle, par laquelle les parties sont rechauffées. Le feu de fumier que la Nature a mis au dessous de la poitrine, ou dans le bas ventre, est comme celuy qu'on met sous un Bain-marie pour en échauffer la liqueur. Et comme celle-cy n'est pas plûtôt chaude qu'elle entre dans un plus grand mouvement, cherche, pour ainsi dire, des issuës, & fuit par toutes les ouvertures qu'elle peut trouver : ainsi quand le sang n'auroit d'autre moteur que son esprit, sa fermentation & sa chaleur, il ne laisseroit pas de couler dans les canaux ouverts des veines & des arteres. Mais parce que les détours infinis de plusieurs labyrintes que ces vaisseaux forment en mille endroits, le pourroient arrêter, Dieu a trouvé à propos d'aider son mouvement par le battement du cœur & des arteres.

Ce noble viscere qui vit toûjours le premier & meurt le dernier, n'est autre chose qu'un muscle composé de fibres spirales, ou tournées en coquille, qui ne sçauroient se retirer sans serrer le cœur, & chasser le sang que ses cavitez contiennent, ni s'alonger ou se distendre sans dilater le cœur. Cette contraction & cette dilatation, sont les deux parties du battement, dont on cherche les causes.

Le sang n'est pas plûtôt versé dans les ventricules du cœur, qu'il y bout, s'y rarefie & s'y gonfle, tellement qu'il pousse les côtez de la cavité qui les contient. C'est la cause de la dilatation ou du diastole. Mais parce qu'il est naturel à la plûpart des corps de faire le ressort pour retourner à leur état naturel, les fibres du cœur se trouvant dans un état violent pendant leur distension, font joüer leur ressort pour se remettre à leur premier état, elles se ramassent & serrent le cœur pour luy faire rendre par les arteres le sang qu'il a receu des veines. Cette vertu de ressort dépend d'un esprit impetueux, qui coule des nerfs dans ces fibres, d'où il est chassé pour un temps par le pressement que le sang rarefié leur cause du côté des ventricules, mais où il revient bien-tôt aprés avec quelque espece d'impetuosité, comme un torrent repoussé vers sa source reprend son cours avec plus de rapidité, aprés avoir surmonté les obstacles qui l'arrétoient. Les nouvelles eaux qui viennent, sont comme un nouveau secours, qui joignant ses forces à celles des premieres eaux, redouble les

efforts

efforts du torrent, & l'emporte fur ce qui s'oppofoit à fon cours; ainfi les nouveaux efprits qui coulent en foule dans les fibres du cœur à l'occafion de l'irritation de l'état violent où elles fe trouvent, joignant leur effort à celuy que les premiers faifoient pour regagner le pofte qu'ils avoient perdu, furmontent la refiftance qu'ils trouvoient à rentrer dans les fibres. Alors celles-cy fe gonflant, fe racourciffant & fe ferrant, expriment le fang hors des ventricules du cœur, & le pouffent dans les arteres; qui le portent à toutes les parties du corps. Le cœur eft comme les fouflets qui chaffent en fe ferrant l'air, ou la liqueur qu'ils contiennent, & les arteres font comme les tuyaux par lefquels la liqueur eft chaffée.

Il y a cette difference entre le tuyau des fouflets naturels & celuy des artificiels, qu'au lieu que ce dernier ne fournit que le paffage à la liqueur qui y coule, fans contribuer autre chofe à fon mouvement, le premier aide la circulation du fang par fes fecouffes, & par fon battement. Un tuyau plein d'un corps liquide, ne fçauroit fe ferrer fans rendre fa cavité plus étroite, & fans preffer ou hâter le cours du ruiffeau qui y coule. Le battement des arteres produit le même effet. Ce sont des canaux dans lesquels roule un torrent de sang. Peuvent-ils se serrer comme ils font dans le systole sans rétrecir l'espace que cette humeur y occupe, & sans precipiter par consequent sa course?

Voila l'effet de ce battement: en voicy la cause. Entre les fibres dont la tunique charnuë des arteres est tissuë, il en est de circulaires dont la contraction ou la dilatation, font le systole & le diastole. Le ressort visible de ce battement qu'on nomme le pouls, consiste donc dans la membrane musculeuse, & le ressort invisible dans l'esprit qui fait joüer l'autre en glissant dans ses fibres annulaires. Le sang qui s'élance impetueusement du cœur dans les arteres, en pousse les côtez & les distend, & pressant les fibres charnuës, il en chasse les esprits jusques dans la tunique nerveuse, qu'on peut nommer le ressort du diastole, ou de la dilation. Mais l'esprit retournant de la membrane nerveuse, où il avoit été repoussé, dans la charnuë, d'où il avoit été chassé, en fait joüer les fibres circulaires, qui par une vertu de ressort retournent à leur état naturel, ou se serrent & se racoureussent par le gonflement que les esprits leur causent.

Toutes les actions vitales qu'on vient d'expliquer, le battement du cœur & des arteres, & la production de l'esprit vital, ou de la chaleur naturelle, sont destinées à l'entretien de la circulation, dont on doit maintenant parler, le feu vital, ou l'impetuosité de l'esprit rendant les humeurs plus coulantes, & le cœur & les arteres étant comme autant de ressorts qui battent continuellement pour entretenir ce mouvement perpetuel, à l'imitation duquel l'art n'a pû encore parvenir.

Par la circulation on entend le retour des humeurs au lieu d'où elles étoient parties. Le sang par exemple part du cœur par les arteres, & y retourne par les veines. Si le suc nerveux est apporté au cerveau comme à la premiere source d'où il a coulé, c'est une circulation. C'en est encore une autre, quand la lymphe se remêle avec le sang, duquel elle avoit été separée par les glandes.

Le grand monde non plus que le petit, ne sçauroit subsister sans ce mouvement, qui fait l'essence & la conservation de tous ses tourbillons, & de toute la machine de

I ij

l'Univers. On ne parlera pas icy du tournement de la Terre, ni de celuy des Cieux, ni de la circulation de l'air autour de la terre, on se contentera de rapporter celles qui sautent aux yeux de tout le monde. Les vapeurs qui montent vers le Ciel s'étant chargées de l'esprit universel, qui est le principe de la fecondité, retombent sur la terre, d'où elles étoient sorties. Les rayons du Soleil, & les influences des autres astres par la reflexion ou reverberation que la terre leur cause, remontent à leur source, & rentrent dans les tourbillons qui les poussoient auparavant du centre vers la circonference. Les eaux de la mer changées en vapeur, & s'épaississant de nouveau par la fraicheur de l'air, ou par leur entassement, distillent sur la terre, d'où elles recoulent dans la mer. Enfin les esprits des mineraux, des vegetaux, des animaux se sublimant en l'air par la chaleur du Soleil, s'incorporent derechef avec les sujets, d'où ils avoient été chassez. Les principes de tous les corps montent de la terre dans les plantes, qui en naissent, des plantes dans les animaux, qui paissent, des animaux dans l'homme, qui se nourrit de leur chair, & quand on ensevelit le corps de l'homme, ou que celuy de la bête tombe par la mort, on rend à la terre ce qu'on en avoit pris, selon cette loy auſſi juſte que terrible, *Tu és poudre, & tu retourneras en poudre.*

La circulation n'eſt pas moins neceſſaire au petit monde qu'au grand, on en va parcourir les eſpeces en peu de mots.

1. Le ſuc nerveux qui s'eſt filtré dans les glandes du cerveau, & l'eſprit auquel il ſert d'entraves, coulant de leur ſource par les canaux des nerfs, ſe vont jetter dans le ſang, d'où ils ont été ſeparez. 1. On voit des nerfs qui s'inſerent dans les veines & dans les arteres pour y verſer la liqueur ſubtile qu'ils portent, afin qu'elle anime le ſang trop lent en certains endroits, qu'elle ſerve de levain à ſes fermentations, & d'éperon à ſa circulation. 2. L'eſprit diſtillé dans l'alembic du cerveau ſe mêle avec le ſang dans le ſein du muſcle pour le gonflement des fibres, & pour le mouvement. C'eſt pourquoy les nerfs envoyent leurs petits rameaux aux filets charnus dont cet organe eſt tiſſu. 3. Cette liqueur ſubtile ſe joint au ſuc des arteres par tout où la nourriture ſe fait, l'exemple du Rachitis, qui conſiſte dans l'obſtruction de la moële ſpirale, faiſant voir que l'eſprit animal n'eſt

pas moins neceffaire à la nourriture qu'au mouvement des parties. Ce fuc nerveux que les nerfs verfent immediatement dans les arteres, ou dans les veines, & celuy qui refte avec le fang aprés fon explofion dans le mufcle, ou aprés la nourriture des parties eft encore rapporté par la circulation au cerveau, où s'étant refiltré & comme ranimé, il reprend une nouvelle vigueur, pour faire derechef le même chemin, recouler par les nerfs, & fervir encore aux mêmes ufages. Pour defcendre du cerveau dans le refte du corps, il n'a befoin que de fon mouvement naturel, favorifé par le poids du fuc nerveux qui l'entraîne, par le penchant du lieu qu'il doit parcourir, & par le fyftole des meninges qui preffant le cerveau, luy font rendre la liqueur qu'il contient. Mais pour remonter au cerveau, il n'a qu'à fuivre la circulation du fang, quand fa volatilité aidée par le feu naturel des entrailles, ne l'y éleveroit pas.

2. On a fujet de conjecturer que la lymphe eft compofée en partie de ce fuc nerveux, qui a demeuré de refte aprés les ufages qu'on luy donne cy-deffus, de l'efprit animal incorporé ou condenfé à la fraicheur de l'air qu'il rencontre à la furface du corps,

& de ce suc qui se separe du sang par la filtration des glandes. Ces éponges naturelles s'imbibent de cette partie du sang qui peut entrer dans leurs pores, & par l'impulsion du suc qui y vient de nouveau, & par le mouvement peristaltique, qui leur est commun avec toutes les parties vivantes, elles s'en déchargent chacune dans son tuyau particulier comme dans un petit recipient, que l'Auteur de la Chymie Naturelle adapte à ces filtres. Tout ce suc filtré se va jetter dans le tronc, qui se cache dans la concavité du foye, pour être mêlé avec le sang grossier de la veine porte, qui avoit besoin de ce secours pour continuer son chemin, ou dans le canal thoracique pour aider la montée du chyle dans les veines soûclavieres. Le voila rentré dans sa source, c'est à dire, dans la masse du sang, d'où la filtration des glandes l'avoit tiré & le tirera encore, lors-que le cours de la circulation l'aura ramené à ces couloirs. Pour y retourner, il n'a pas besoin d'autres pistons que de ceux qui poussent la masse du sang par tout le corps ; mais pour aller encore des glandes aux veines, n'a-t'il pas quelque autre moteur ?

Il n'étoit pas necessaire. La lymphe sort

subtile, fort coulante, & fort spiritueuse, seroit capable de rouler d'elle-même dans ses canaux. L'esprit dont elle abonde, est un ressort impetueux qui la pousseroit assez, quand le piston de la nouvelle lymphe qui se filtre, ne l'obligeroit pas d'avancer pour luy ceder sa place. La même cause qui fait tomber une liqueur dans un filtre, en continuë le mouvement aprés qu'elle est filtrée.

3. On a pretendu que les mêmes vaisseaux qui servoient à porter le Chyle, servoient aussi à la circulation de la lymphe, ou que les veines lactées n'étoient autre chose que des vaisseaux lymphatiques, qui se remplissent tantôt de la liqueur blanche & tantôt de la transparente. Si cela est faux de celles qui sont dans le mezentere, il est vray du moins à l'égard du canal thoracique. Voyons une autre circulation qui se fait dans ces tuyaux. La lymphe qui coule des glandes salivaires, de celles de l'estomach, des intestins & du pancreas, se mêlant avec les alimens, pour les diviser & les faire fondre en chyle, suit cette creme par les veines lactées, par le reservoir de Pequet, par le canal thoracique, qui verse l'un & l'autre dans les veines sousclavieres, ou dans le ruisseau du

du sang d'où ce dissolvant étoit sorti. Mais entraîné par le ruisseau de la circulation, il retourne à ces glandes qui l'ont autrefois coulé, il s'y coule encore plusieurs fois de la même maniere, & repasse souvent par les mêmes usages, jusqu'à ce qu'ayant perdu toute sa force ou son esprit, il est jetté hors du corps par quelque égoût. Le suc du Pancreas se refiltre encore dans cette glande, aprés avoir fait plusieurs tours dans les canaux de la circulation. On doit dire la même chose de l'esprit qui divise les alimens dans l'estomach, de celuy qui fait encore fermenter le chyle dans les boyaux, de cét esprit ou de ce sel fixe que le sang prend dans la rate pour sa consistence, & de ce sel volatile, dont il se charge dans le cerveau, car cette liqueur ne fait que reprendre ce qu'elle avoit baillé à ces parties, & ce qu'elle leur doit encore rendre, en y repassant souvent.

Mais toutes ces circulations particulieres ne sont que des dépendances de la circulation generale du sang, puisque les mêmes pistons qui poussent celle-cy, font aller encore celles-là. Aussi quand on dit la circulation tout court, on entend celle des quatre humeurs, comprises dans la masse du sang. Et comme c'étoit d'elle principalement qu'on avoit deſſein de parler icy, l'on s'y arrêtera un peu plus long-temps qu'aux autres eſpeces, pour y examiner en peu de mots 1. Sa nature & les preuves de ſon exiſtence. 2. Le tour & le chemin qu'elle fait. 3. Ses inſtrumens: 4. Ses uſages.

1. La circulation du ſang n'eſt autre choſe que ſon paſſage du cœur dans les arteres, & des arteres dans les veines, par leſquelles il retourne au cœur. C'eſt un principe commun & tres-évident par l'experience, que les liqueurs ne ſe conſervent que par le mouvement, dans lequel leur nature même conſiſte. Auſſi les Anciens Medecins & Philoſophes qui ne connoiſ-ſoient pas encore la circulation du ſang, n'ont pas manqué de luy donner un mouvement, en ſuppoſant qu'il flottoit dans les veines & dans les arteres par une eſpece de flux & de reflux. Mais ils n'ont pas crû qu'il paſſât de l'un de ces tuyaux dans l'autre. Les Nouveaux conſiderans que le ſang des arteres ne differoit de celuy des veines que par quelques accidens peu conſiderables, conjecturerent dabord que ce pourroit être le même ſang, qui avoit ſouf-fert quelque changement, en paſſant des arteres dans les veines. Ils furent confir-

mez dans leur conjecture, en trouvant des raisons fort vray-semblables pour la difference de ces deux sangs. Celuy des arteres étoit plus vif, plus subtil & plus impetueux, parce qu'il ne faisoit que de sortir de la chaudiere du cœur, où le feu vital l'avoit rarefié, subtilisé, & mis en grand mouvement, en dégageant ses esprits & ses autres principes actifs, qui sont les principes de son mouvement. Mais celuy des veines paroît moins rouge, plus grossier & plus lent, parce qu'il s'est épaissi à la fraicheur de l'air qu'il a rencontré à l'habitude du corps, & en laissant dans les parties qu'il a repuës ce qu'il avoit de plus vif, ses esprits, ses sels volatiles, qui le faisoient petiller & couler plus viste.

Quand on se fut satisfait sur ces differences, on trouva des nouveaux fondemens à l'opinion de la circulation. 1. Dans le battement continuel du cœur. 2. Dans l'enflure qui suit la ligature d'un vaisseau. 3. Dans la perte de tout le sang par l'ouverture d'un seul vaisseau. 4. Dans le transport de certaines matieres, de la tête aux pieds, ou d'une extremité à l'autre. Mais l'opinion que ces observations faisoient naître dans l'esprit, s'y changea bien-tôt en demonstration par les preuves que l'A-

K ij

natomie fournit. On les va parcourir toutes succinctement, pour en faire mieux sentir la force.

1. La liqueur, ou le souffle qu'on pousse dans une artere, paroissant bien-tôt dans la veine, montrent assez le chemin par où le sang passe d'un de ces vaisseaux dans l'autre. Syringuez de l'ancre dans les arteres carotides, & vous verrez bien-tôt noires les veines jugulaires. Jettez de la cire d'Espagne fonduë dans l'artere, & la veine cave vous paroîtra bien-tôt rouge.

2. Toutes les fois que le cœur se serre, il chasse dans les arteres le sang que ses cavitez contiennent, & ses valvules l'empêchent d'y retourner, en rebroussant chemin, lorsque ce viscere se dilate un moment aprés. Les observations exactes qu'on a faites sur ce sujet, font voir qu'il n'en sort pas moins d'une drachme à chaque battement, qui se réitere jusqu'à 3. ou 4000. fois dans une heure, & chasse par conséquent dans les arteres 4000. drachmes de sang pendant ce petit espace de temps. Reduisez ces drachmes en livres de douze onces, comme sont celles des Medecins, & vous y en trouverez 38. & 5. onces. Or l'homme le plus sanguin ne contient pas à baucoup prés cette quantité de sang. Il

faut donc que tout son sang passe plusieurs fois par le cœur dans l'espace d'une heure. S'il en pousse une drachme à chaque battement, les veines de qui il le reçoit n'étans pas inépuisables, seroient bien tôt vuides, si le sang n'y retournoit des arteres, & celles-cy ne pouvans s'étendre au delà d'un certain degré, creveroient infailliblement, si elles se remplissoient toûjours sans se desemplir jamais. Car la petite quantité de sang qui en sort pour la nourriture des parties, ne les vuide pas assez promptement pour les garentir de ce danger, si les veines ne les déchargent, en recevant le sang qui en coule.

3. De plus, si les veines ne prenent leur sang des arteres, de quelle source le puisent-elles ? Ceux qui ne jurent que par les Anciens, ne manqueront pas de dire qu'elles le tirent du foye. Mais la veine porte liée se desenfle entre la ligature & ce couloir de la bile, où son sang se va jetter. Sera-ce donc du cœur ? Mais le ruisseau qui coule de ces canaux tend toûjours vers ce viscere, au lieu qu'il devroit aller d'un sens contraire, s'il en tiroit son origine immediate, n'étant pas naturel aux ruisseaux de remonter vers leur source. Pour rendre visible cette verité, que le sang des veines

va vers le cœur, on n'a qu'à lier une veine, qui se desenfle entre la ligature & le cœur, parce que le sang qui coule vers cette mer du petit monde, laisse vuide cette portion de vaisseau, que le sang arrêté par la ligature devoit remplir. Ce torrent soûtenu par cette digue s'enfle & gonfle le vaisseau qui le contient : c'est pourquoy l'on lie la partie où l'on veut seigner.

4. Si l'on pique au dessus de la ligature, on n'aura point de sang, mais si l'on ouvre un gros vaisseau au dessous de la ligature, on tirera non seulement tout le sang des veines, mais encore tout celuy des arteres, preuve convainquante de la communication que la Nature a mise entre ces deux sortes de vaisseaux. Je vis ouvrir à Paris le corps d'un Asthmatique, qu'on avoit tellement épuisé de sang par la saignée du bras, qu'on n'en trouva pas une goute dans les cavitez de son cœur. Quoy, le sang de la tête & celuy des pieds peut sortir par le bras ? Ouy : celuy de tout le corps, dont toutes les parties sont jointes par des tuyaux de communication qui menent les humeurs d'un membre à l'autre, comme les Villes des Pays-bas qui se communiquent toutes par des canaux naturels & artificiels.

C'est par ce commerce que les parties se

font part les unes aux autres de leurs biens & de leurs maux. Une partie malade est comme une mine impure, dans laquelle le torrent de la circulation ne sçauroit passer, sans se charger des impuretez qu'il y rencontre, & qu'il laisse enfin dans quelqu'autre partie que sa foiblesse naturelle ou accidentelle rend propre à les recevoir.

Mais comme ceux qui décrivent un fleuve, en marquent l'origine, le cours & la décharge dans la mer, ainsi pour donner une juste idée de ce torrent de sang qui coule dans le petit monde, il ne sera pas hors de propos d'en découvrir la premiere source, d'en parcourir les progrez jusqu'à l'extremité, s'il pouvoit y en avoir dans un mouvement circulaire. Et parce que la route qu'il tient dans le fœtus n'est pas tout à fait le même que celle qu'il parcourt dans l'animal né, on parlera plûtôt de la circulation du sang dans le fœtus, & ensuite on marquera le chemin qu'elle suit dans l'animal parfait.

La nourriture que l'animal prend étant la matiere de ce ruisseau, on peut dire que celuy-cy a sa premiere source dans la partie par laquelle l'embryon se nourrit. Le nombril par où le premier sang entre dans le fœtus est donc la premiere origine du ruisseau qui arrose tout son corps. Suivons-le pas à pas. Le sang de la mere épuré par la filtration qu'il soûfre dans les glandes de l'arrierefais, coule dans l'artere ombilicale, & s'étant encore filtré par le nombril de l'enfant, il se jette dans la veine qu'on nomme hepatique, parce qu'elle mene le sang au foye, à qui les Latins ont donné le nom d'Hepar. De ce viscere le sang entre dans la veine cave, qui le porte au ventricule droit du cœur, d'où il passe au ventricule gauche, par un canal fort court, qu'un Anatomiste nommé Botal découvrit le premier, & dont l'autre a la figure ovale. De la cavité gauche du cœur, le sang s'élance dans le trône superieur & inferieur de la grande artere qu'on nomme Aorte, pour s'aller répandre dans tout le corps par une infinité de canaux qui tirent tous leur origine de cette artere. Parvenu aux extremitez de ces tuyaux, il arrose les parties ausquelles ils s'inserent, & celuy qui reste aprés qu'elles en ont été abbreuvées, & nourries, glisse dans un autre canal qui ne bat point, par où il retourne au cœur. Pour cette raison la Nature donne à chaque partie une artere qui luy porte la nourriture, & une veine, pour rapporter au cœur le sang superflu. En sorte que le petit monde

Tuyau de Botal.
Trou oval.

monde est comme un jardin arrosé par mille & mille canaux, dont les uns menent l'eau à chaque carré de jardin, & les autres ramenent la superfluë à sa source. Le sang que l'artere cœliaque verse dans le bas ventre, coule dans la veine porte par les veines mesaraïques, qui en sont autant de rameaux, & se va filtrer dans le foye, où la veine cave le prend par un grand nombre de ramifications, qu'elle jette dans cette partie comme autant de racines, ou comme autant de petites pompes qui élevent le sang vers le cœur. Celuy qui est porté par les autres productions de la grosse artere, entre immediatement dans la veine cave, qui envoye des ramifications à toutes les autres regions du corps. Tout celuy qui monte à la téte par les arteres carotides, ou par les vertebrales, retourne par les veines jugulaires dans la veine cave descendante, qui les verse encore dans le cœur. Celuy que le ventricule droit du cœur pousse dans le poumon, recoule dans le cœur par la veine pulmonaire. Mais cette circulation ne se faisant que dans l'animal né, ce n'est pas le lieu d'en parler plus au long, puis-qu'on ne décrit encore que celle qui se fait dans le fœtus. On a veu la source de ce ruisseau

L

qui roule dans son corps dans les premiers mois de sa formation, il s'ouvre une autre source dans les mois suivans, sans que celle-cy se ferme entierement ; si bien que ce fleuve du petit Monde, en a plusieurs à même-temps, aussi bien que le Nil.

Quoy-que l'enfant continuë pendant les neuf mois de sa prison à se nourrir par le nombril, cependant aprés les premiers mois, il commence à prendre par la bouche une gelée, qui s'est coulée par les glandes de l'arriere-fais. Le chorion est comme un étang qui se décharge de temps en temps par la bouche du fœtus comme par une écluse. Il est entretenu par les glandes du placenta, qui comme autant de sources, luy fournissent continuellement de nouvelle liqueur, qui ne peut que couler dans la bouche de l'enfant, dés qu'elle s'ouvre, non plus que l'eau ne sçauroit ne pas glisser dans une bouteille ouverte qu'on y plonge. Suivons ce ruisseau par tous ses détours, jusqu'à ce qu'il se jette dans le grand fleuve de la circulation. La gelée du chorion n'est pas plûtôt entrée dans la bouche, qu'elle devient plus coulante par le mêlange de la salive, que les tuyaux tirez des glandes parotides à cette cavité y versent continuelsement. Avec ce secours elle descend plus aisément par ce canal membraneux qu'on nomme œsophage, du verbe Grec, ἐάγειν, qui signifie manger. Aprés quelque sejour dans l'estomach, où ce tuyau la mene, elle se trouve encore plus liquide, le dissolvant naturel à ce viscere l'ayant divisée & fonduë par la fermentation qu'il luy cause. C'est alors un ruisseau de lait, qui coule de l'estomach dans les boyaux, où il se filtre à travers leurs tuniques & les glandes de leur surface interne. Rendu plus pur & plus clair par cette filtration, il passe encore plus facilement dans ces veines déliées du mezentere, à qui la blancheur du chyle qu'elles contiennent pendant la digestion, a donné le nom de vaisseaux lactées. Sa liqueur s'augmentant encore par le mélange de la lymphe qu'il rencontre dans son chemin, & par la filtration qu'il soufre dans les glandes du mezentere, & sur tout dans cette insigne glande qu'on voit au milieu de cette frese des intestins, & à qui l'Anatomiste Asellius, qui la remarqua le premier, a laissé son nom, il parvient aisément au reservoir de Pequet scitué prés du rein gauche sur les vertebres. L'ébullition que la lymphe luy cause là, luy donnant

Pancreas d'Asellius.

plus de mouvement, il s'éleve le long des vertebres par le canal thoracique, jusqu'à ces veines qu'on nomme sousclavieres pour étre scituées au dessous de ces os qui portent le nom de clavicules, parce qu'ils ferment la poitrine en haut. C'est là comme le conflan où la Marne se mêle avec la Seine, une petite riviere de chyle avec le grand fleuve du sang, les veines sousclavieres portant bien-tôt ce mélange de liqueur blanche & de liqueur rouge, dans la veine cave, qui le mene au cœur, d'où il part incessament pour parcourir le tour qu'on a déja décrit.

Mais comme la longueur du chemin doit être proportionnée aux forces du mobile, ou du moteur, & que les pistons qui poussent la circulation dans le fœtus, sont plus foibles que ceux qui l'entretiennent dans l'animal né, aussi le tour qu'il fait dans celuy-cy est plus grand que celuy qu'elle parcourt dans celuy-là, non seulement parce que le corps étant plus grand, il y a plus de chemin d'une extremité à l'autre, mais encore parce que le torrent de la circulation passe dans des parties qui luy étoient inaccessibles dans le fœtus. Le trou oval se bouchant insensiblement, le sang est obligé de s'ouvrir un chemin dans les vaisseaux du poumon, qui n'étant auparavant qu'affaissez, sont facilement dilatez par le torrent de la circulation qui cherche une issuë. La digue enfonsée, ou l'écluse ouverte, il se repand dans tous les canaux du poumon, passant des arteres dans les veines, qui le vont verser dans la cavité gauche du cœur, d'où il est chassé par les soufflets naturels, pour aller faire ce grand tour dont on a plusieurs fois parlé. Ce seroit icy le lieu de parler de la maniere en laquelle les arteres communiquent avec les veines, mais le dessein qu'on a de ne rien dire qui ne soit clair & certain, ne permet pas d'embarquer le lecteur dans la dispute des Anastomoses. Il luy doit suffire de sçavoir certainement que le sang passe des arteres dans les veines pour avoir une idée suffisante de la circulation. Il luy importe fort peu de rechercher curieusement si cette transfusion se fait par l'abouchement des vaisseaux, ou par transudation à travers les pores de l'artere, ou par la filtration du sang à travers les chairs qui sont entre celle-cy & la veine. Si l'on avoit pourtant à se déterminer icy, l'on prefereroit cette derniere voye à toutes les autres, la recherche la plus exacte n'ayant encore rencontré aucune anaſtomoſe, & la ligature des vaiſſeaux dans un animal vivant faiſant voir, qu'il n'en ſuinte que des ſeroſitez par les pores.

Quoy-qu'il en ſoit, on ne peut pas douter de la tranſvaſation du ſang, il faut maintenant en rechercher les cauſes, & découvrir les machines ou les reſſorts qui entretiennent ce mouvement de toutes les humeurs dans l'animal.

Elles ont des moteurs internes & des externes, les premiers ſont liquides, & les derniers ſolides. On touchera plûtôt ces principes de mouvement que la maſſe du ſang porte dans ſon ſein, pour paſſer enſuite à ceux qui ſont hors de luy.

Sa propre liquidité eſt le premier principe de ſa circulation. On ſçait que la nature du liquide conſiſte dans un mouvement perpetuel. Dés que ſes parties s'arrêtent les unes auprés des autres, elles font un corps ſolide. De là vient qu'Ariſtote definit le liquide, un corps qui ne peut s'arrêter de luy même, s'il n'eſt enfermé dans un corps ſolide. La principale cauſe de la liquidité du ſang, conſiſte dans ſes eſprits, qu'Hipocrate appelle pour cette raison, Τα ὁρμωντα, c'est à dire, Moteurs impetueux. Car on doit rapporter à la même source la fermentation des humeurs, qui contribuë sans doute à les faire rouler dans le corps, mais qui est un effet des esprits, la rencontre des sels acides & alkalis ne produisant pas le moindre combat, s'ils ne sont meus par la matiere subtile & impetueuse des esprits. L'huile de la bile peut encore avoir quelque part au tournoyement du sang, qu'elle rend plus coulant, & qu'elle fait de plus enflammer dans les crûsets du cœur, pour rendre sa course plus impetueuse. Mais ce ne sont pas encore là les principaux instrumens de la circulation, ceux qu'on a nommez cy-dessus externes & solides, en sont les plus considerables ressorts.

Ils sont differens selon les divers états où l'animal se trouve, & leur difference répond à celle qu'on a déja remarquée dans les especes de circulation, qui n'est pas tout-à-fait la même dans le fœtus que dans l'enfant qui a veu le jour. On va donc marquer les ressorts qui poussent le sang dans le corps de l'animal encore enfermé dans le sein de sa mere, ensuite on fera joüer ceux qui le font rouler dans le même sujet aprés sa naissance.

On a déja dit que le premier ruisseau qui coule dans le corps de l'embryon, a sa source dans les vaisseaux ombilicaux, dont le sang est poussé par tous les pistons qui font circuler celuy de la mere, & qui seront expliquez lors-qu'on parlera de la circulation dans l'animal parfait. Les humeurs de la mere abordans au placenta, se filtrent dans les glandes qu'elles y rencontrent : celles qui y arrivent ensuite, obligent celles de devant à leur faire place, en entrant dans l'artere ombilicale. Le battement de celle-cy entretient, & même augmente le mouvement qu'elles ont déja. Mais parce que le nœud du nombril, par lequel elles doivent passer pour entrer dans le corps du fœtus, ne leur fournit qu'un passage étroit & difficile, la Nature ajoûte au ressort de l'artere celuy d'une capsule, qui bat comme une artere, parce qu'elle est tissuë de fibres charnuës, aussi bien que celle de Glisson, qui rend aux vaisseaux biliaires & à la bile le même office que celle-cy rend aux vaisseaux ombilicaux, & au sang qui coule dans leur cavité. Le ruisseau des vaisseaux ombilicaux poussé par ce nouveau ressort, n'a pas peine à parcourir cette veine, qui le reçoit après sa filtration à travers le nombril, pour le mener

au

au foye, dans le convexe duquel elle s'infere, & l'envoyer même jufqu'au cœur par la veine cave, qui le prend où l'hepatique le quitte. Mais parce que tout le fang que l'artere ombilicale porte au nombril de l'enfant n'a pas pû s'y filtrer, le fuperflu s'en retourne à la mere par la veine ombilicale, qui n'ayant pas de battement, avoit encore plus befoin de celuy de la capfule. Comme cette circulation eft particuliere au fœtus, il faloit que le principal reffort qui l'entretient, le fût auffi. Tous les autres inftrumens qui l'aident dans le corps du fœtus luy font communs avec l'animal forti du ventre de fa mere.

La gelée du chorion n'eft pas plûtôt arrivée de la bouche à l'orifice fuperieur de l'œfophage, où la fpatule de la langue & le penchant du lieu l'ont pouffée, que les mufcles de la gorge faifans leur action, la preffent à décendre dans ce canal membraneux, qui fe ferrant encore par le moyen de fes fibres mufculeufes & circulaires, la chafferoit en bas, quand fa propre pefanteur ne l'y entraîneroit pas. L'eftomach qui la reçoit, la pouffe par la contraction de fes fibres charnuës dans les inteftins greles, qui s'en déchargent encore par le même reffort dans les veines lactées, où les anneaux nerveux qui les environnent en divers endroits ne la laisseroient pas croupir, quand elle ne sentiroit plus l'impulsion des pistons qui l'ont poussée jusques là, & de la matiere suivante qui oblige celle qui va devant à avancer. Les mouvemens même du mezentere, qui a sept grands lassis nerveux, ne sont pas inutiles au roulement du chyle. Le foye soûlevé par le diaphragme retombant sur l'estomach en chasse le chyle, & son impulsion s'étend non seulement jusqu'aux veines lactées & au reservoir de Pequet, mais même jusqu'au canal thoracique & aux veines sousclavieres, où ce ruisseau se perd. On peut dire la même chose du diaphragme qui bat & secouë continuellement l'estomach, pour en faire couler la creme par tous ces canaux qu'on vient de parcourir. Mais ces productions qu'il attache à la region des lombes, où le bassin de Pequet est situé, se sentans de ces secousses continuelles, pressent particulierement ce reservoir, pour en chasser le chyle, dont la chaleur des entrailles, le battement de l'aorte voisine, & le mouvement peristaltique naturel au conduit thoracique comme aux autres membranes, aident la sublimation vers les veines sousclavieres. Là cette liqueur blanche rencontre deux causes qui augmentent son mouvement. 7. La fermentation qui se fait à la rencontre du chyle & du sang, & l'impression de la circulation generale. Car quand un ruisseau lent se mêle avec quelque riviere rapide, il est obligé de suivre sa rapidité. Pour aller des veines sousclavieres par la veine cave dans le cœur, il n'a pas besoin de nouvelles machines qui le poussent. Il n'a pas plus de peine à y décendre que les eaux d'une casquade à se précipiter de haut en bas. Le ventricule droit du cœur qui s'est ouvert pour le recevoir, se serre pour le chasser dans le ventricule gauche par ce canal qui les joint dans le fœtus. Mais quand ce tuyau de communication s'est affaissé ou bouché, la cavité droite du cœur fait l'office d'une syringue qui pousse le sang dans le poulmon, où il courroit risque de croupir, à cause d'une infinité de labyrinthes que les canaux y forment, & d'autant de petites vescies qui s'en remplissent, si l'esprit de l'air ne le rendoit plus vif & plus coulant, & si le poulmon même ne le chassoit en se serrant. Ce viscere & le cœur sont comme deux machines hydrauliques, qui par leur battement perpetuel entretiennent le mouvement des humeurs dans le corps animé. Le ressort du poulmon ayant donc chaſſé le ſang dans le ventricule gauche du cœur, cette liqueur y bout, & s'enflant extremement, cauſe aux fibres du cœur une grande diſtenſion & une eſpece d'irritation, qui leur faiſant faire le reſſort, les oblige à ſerrer le cœur, pour en chaſſer le ſang qui s'élance avec impetuoſité dans la grande artere. Le battement continuel de celle-cy & de toutes les autres qui n'en ſont que les branches & les rameaux, ne permettent pas à cette liqueur de s'arrêter nulle part. De là vient que la Nature a mis beaucoup d'arteres dans les parties où le ſang auroit peine à couler. Le ſel fixe qui l'épaiſſit dans la rate, & ce grand nombre de détours que les canaux y font, y rendant la circulation difficile, Dieu a pourvû au mouvement des humeurs par le reſſort d'une infinité d'arteres dont ce viſcere eſt tiſſu, & par un grand nombre de nerfs, qui verſans une quantité proportionnée d'eſprits dans ce ſang coagulé, luy donnent la force de ſe tirer de ce labyrinthe. Aprés que le ſang a quitté dans le filtre du cerveau la plus grande partie de ſon eſprit, la principale cauſe de ſa liquidité, ſa lenteur auroit peu l'arrêter dans la teſte, ſi Dieu ne luy eût donné un eſperon dans le mouvement perpetuel des meninges, qui ſont ſans ceſſe secouées par un grand nombre d'arteres dont elles sont parsemées. Les reins ôtans au sang la serosité qui le rend coulant, pourroient bien le rendre si tardif, qu'il ne sçauroit parcourir le Dædale que les vaisseaux y forment, si le battement d'une infinité d'arteres ne l'empêchoit de s'y arrêter. Et si Dieu n'a donné qu'une petite artere au foye où les humeurs doivent couler par mille détours, il luy a donné une capsule, qui environnant tous les vaisseaux, hâte par son battement le mouvement de la liqueur qui y coule. C'est ainsi qu'on doit entendre ce que quelques-uns disent, que la veine porte bat dans le concave du foye. On remarque aussi quelque battement au tronc de la veine cave, un peu au dessous du cœur, où la montée droite rend difficile l'élevation du sang, que sa propre pesanteur entraînoit en bas. Et si les autres veines n'ont point de battement qui leur soit particulier, elles profitent du moins de celuy des arteres, que la Nature a placées pour cette raison auprés d'elles, comme un ressort qui pousse continuellement leur sang. La veine cave est situeé sur l'aorte, dont les secousses font aller ce sang que la fraicheur de l'air aux extremitez du corps, & les ordures, dont il se charge dans les parties qu'il lave, peuvent avoir épaissi.

Mais parce que tous ces ressorts sont quelque fois impuissans, la Nature environne les veines d'anneaux nerveux, qui hâtent la circulation, tant par l'esprit qu'ils versent dans le sang pour le rendre plus coulant, que par leur contraction, qui rétressissant la cavité du vaisseau, chasse devant la liqueur contenuë, comme la main de celuy qui fait la sauffice, oblige la chair à décendre, en pressant le boyau où l'on la pousse.

Le pressement des muscles qui se gonflent, quand ils joüent, & le mouvement peristaltique de toutes les parties, sont encore des ressorts qui poussent le sang pour le faire rouler par tout le corps.

Le grand soin que la Nature prend pour conserver ce mouvement, est une preuve incontestable de son utilité, puisque son sage Autheur ne fait rien en vain. Ses usages se peuvent reduire 1. A la formation du sang. 2. A sa conservation. 3. A sa purification. 4. A sa distillation. 5. Et en son changement en la substance de l'animal.

1. La circulation sert à la formation du sang, puis qu'elle en porte la matiere ou

le chyle au cœur & aux autres visceres qui contribuent le plus à sa production. Elle aide la fermentation, qui change cette liqueur blanche en rouge, en exaltant les esprits, qui en sont les principaux autheurs. En effet on a veu rougir dans un vaisseau circulatoire la teinture du pain qui répond fort bien au chyle, le mouvement de la circulation dégageant insensiblement les principes actifs de cette liqueur. Mais cette operation est encore plus efficace dans le laboratoire animé, où elle fait rouler le sang par des visceres, où la Nature a mis des levains qui servent beaucoup à cette exaltation. Et la circulation est encore la mere de ces levains, puisque c'est elle qui mene le sang à ces filtres qui en doivent faire la separation.

La circulation ne sert pas seulement à la formation du sang, elle a encore beaucoup de part à sa conservation. Il est comme toutes les autres liqueurs qui se corrompent en croupissant. Les eaux sont pures tant qu'elles courent, parce que le mouvement du tout l'emportant sur celuy des parties, empêche la fermentation qui tend d'ordinaire à leur corruption, en exaltant des principes qui ne doivent pas avoir le dessus dans leur composition. Le sang s'y conserve pur en coulant dans ses canaux, parce que le mouvement direct que le cœur & ses autres pistons luy impriment, affoiblit beaucoup celuy par lequel les esprits tendent continuellement à prendre l'essor. Or la perte de l'esprit est, pour ainsi dire, la mort du sang. De là vient que son épanchement hors des vaisseaux, dont les tuniques arrêtoient ses principes remuans, qui en sont comme l'ame, le changent bien-tôt en pus. Les sels fixes & fermentatifs gagnans le dessus par la dissipation de l'esprit, qui les tenoit bas, & les empêchoit de combattre entr'eux, en les empêchant de se joindre, excitent bien-tôt un mouvement intestin, qui rompant la tissure de la composition, en renverse toute l'œconomie. Mais la circulation contribuë encore à la pureté du sang, en le portant à tous les égoûts par où il se décharge de ses impuretez. Elle le mene au foye, afin qu'elle y jette ses soufres impurs, qui causeroient tôt ou tard l'embrasement universel du petit monde. Elle le porte aux reins, afin qu'il y laisse son phlegme superflu, ou cette abondance d'eau qui menace l'animal d'un deluge general. Elle le mene au Pancreas, pour y jetter une partie de son sel acide fixe, qui se trouvant en trop grande abondance

abondance dans la masse du sang, y pourroit causer des coagulations funestes. Elle porte celuy des femmes à la matrice, où il jette ses impuretez qui le font boüillir tous les mois. Enfin elle épure celuy de l'un & de l'autre sexe en chassant ses sels acres fondus dans le phlegme impur par les glandes des gros boyaux, pour être jettez dehors par le grand égout du corps animé.

Ce sang ainsi purifié, doit nourrir l'animal, & luy donner le mouvement & le sentiment. La circulation contribuë à toutes ses operations. Le sang contribuë au mouvement en se distillant en esprit dans le cerveau, & en inondant le sein du muscle. La circulation le porte dans tous ces lieux. On n'aura pas peine à comprendre la part qu'elle a au sentiment, puisque cette operation dépend de la distillation du sang, laquelle ne sçauroit se faire sans le transport de cette humeur au cerveau, & cette sublimation est une partie de la circulation. Et comme le mouvement & le sentiment sont la principale partie de la vie, on peut dire que la circulation fait vivre l'animal. Si le dégagement de l'esprit du sang fait la vie, comme quelques-uns pretendent, la circulation fait vivre, puis-qu'elle aide beaucoup son exaltation. Et comme c'est l'abondance de cet esprit dégagé qui fait la chaleur de l'animal, & la fermentation de ses humeurs, ceux qui font consister la vie dans l'une ou dans l'autre de ces qualitez, tomberont d'accord que la circulation en est toûjours la source. Veut-on que le battement du cœur soit la principale cause de la vie animale ? Ce mouvement cesse avec la circulation. Aime-t'on autant donner cet avantage à la respiration ? Celle-cy est inseparable de la circulation. Enfin il y a un tel enchainement entre le mouvement des humeurs & toutes les actions de l'animal, qu'en empêchant le sang de rouler, on les arrête toutes.

Comment se nourriroit l'animal, si la circulation ne portoit le sang à toutes ses parties ? Son corps est comme un jardin dont les plantes ne peuvent croître ni vivre, que par les eaux qu'une pompe fait rouler par tous ses carrez. C'est un Estat dont les villes ne peuvent subsister que par les vivres que les rivieres portent de l'une à l'autre. Enfin comme Thales pensoit que les plantes & les animaux ne vivoient, & ne croissoient que par le moyen des eaux qui roulent continuellement dans le grand monde, ainsi l'on peut dire que toutes les parties du petit, ne vivent & ne croissent que par les liqueurs qui y circulent. Leur circulation est fort aidée par la respiration dont on a dessein de parler maintenant.

La respiration est un mouvement de toute la poitrine, par lequel l'animal prend & rejette l'air par la bouche & par les narines. Le feu vital aussi bien que le commun, ayant besoin de l'air pour sa conservation, la Nature a si bien disposé la machine de la poitrine, qu'elle ne sçauroit se dilater sans recevoir cette pâture de la vie. Mais parce que le feu s'éteint par les fumées qu'il pousse luy-même, celuy qui brûle dans le cœur de l'animal s'étoufferoit bien-tôt par ses propres fuliginositez, si la Nature ne luy avoit fait une cheminée dans le tuyau de l'apre artere, par où le poumon chasse les fumées du sang en se serrant. On va voir comment se font ces deux mouvemens de dilatation & de contraction, dont la respiration est composée.

Afin que la poitrine se dilate, il faut que ce demi cercle que les côtes forment, s'agrandisse : mais parce que les os sont immobiles d'eux-même, la Nature attache à

N ij

ceux-cy les muscles thoraciques, qui comme autant de cordes, les tirent par leur contraction. Ce sont des arcs renversez, qui ont leurs cordes au dehors, au lieu que les autres l'ont en dedans; de là vient que la traction de ces cordes naturelles fait un effet tout contraire à celuy que produit la traction des cordes artificielles dans l'arc, celuy-cy approchant ses deux bouts quand on le bande, & les écartant, lors-qu'il se débande, au lieu que l'arc des côtes s'ouvre, lorsque les cordes des muscles sont tenduës, & se ferme par sa vertu de ressort, quand elles se relachent.

Ce mouvement se fait pour recevoir l'air par l'inspiration, & le chasser par l'expiration. En effet la poitrine ne sçauroit s'élever sans pousser l'air qui l'environne, ni celuy-cy aller ailleurs que dans la bouteille du poumon, qui par cette élevation de la poitrine, luy presente une place, qu'il ne trouvoit pas ailleurs à cause de la plenitude du monde. Car il est impossible que les côtez de la poitrine s'écartent, sans que sa cavité s'élargisse. Le poumon suivant ce mouvement ouvre à l'air, que son propre poids y porte, ses bronches & ses cellules membraneuses, dont il est tout composé.

C'est comme une bouteille de cuir, qui s'enfle à proportion qu'elle se remplit, la bouche est l'orifice de la bouteille, l'apre artere en est le col, le corps du poumon est celuy de la bouteille, & l'air la liqueur dont elle doit se remplir. Ou pour mieux dire, il y a dans le poumon autant de petites bouteilles, qu'il y a des cellules. L'entrée de chaque bronche est le goulet de quelques-uns de ces petits flacons, le bronche même en est le col. Ces phioles naturelles ont cet avantage au dessus des artificielles qu'elles élargissent d'elles-mêmes leur cavité par leurs fibres membraneuses, & la serrent par leurs filets charneux & musculeux.

Quand les muscles qui élevent la poitrine cessent de joüer, les esprits qui les gonfloient étant passez à d'autres organes, ou retournez dans leur tendon, les côtes qui étoient dans un état gêné par leur traction, retournent à leur état naturel par une vertu de ressort qui leur est commune avec tous les corps, mais qui se déploye principalement dans les solides, en sorte que leur demi cercle, qui s'étoit agrandy par l'éloignement des deux bouts, devient plus petit par leur reduction, ou par leur approche. Demander pourquoy les côtes qui sont naturellement courbées retournent au même degré de courbure, aprés que les muscles qui faisoient effort pour les redresser n'agissent plus, c'est demander pourquoy un bâton qu'on a courbé par force, se redresse avec impetuosité dés que la force qui le tenoit dans cette contrainte ne le gêne plus; ou pour avoir un exemple plus precis, un arc à qui l'habitude a donné un certain ply, ou un certain degré de courbure, ne retourne-t'il pas de luy-même au même point, dés que la cause qui le redressoit n'agit plus? Il suit de là que si la poitrine a besoin de muscles pour s'élever, elle n'en auroit presque pas besoin pour s'abaisser, quoy-que les muscles internes intercostaux aident apparemment cette action, & que les fibres du diaphragme puissent être regardées comme autant de petites cordes qui tirent en dedans les côtez de la poitrine pour en diminuer la cavité. Ces filets animez ne peuvent pas sentir la contrainte que le poumon descendant leur fait dans l'inspiration, sans que les esprits y courent en foule, les gonflent, les racourcissent, & ne leur fassent tirer en dedans les côtes ausquelles ils sont attachez.

Cette influence des esprits est la cause du ressort qu'elles font pour se rétablir dans leur premier état, comme Descartes suppose que sa matiere subtile est le principe du ressort qu'on voit faire à tous les corps durs.

Il est impossible que les côtez de la poitrine s'approchent, comme on vient de l'expliquer, sans que l'air interne, & par succession le poumon, soient pressez pour chasser l'air externe que l'animal avoit respiré. Cet air qui occupe la cavité de la poitrine, est comme un tas de laine qui se reduit à un petit volume par la compression, mais qui reprend promptement son étenduë ordinaire, dés qu'il n'est plus contraint. C'est une espece de ressort qui poussant en dehors, aide la dilatation de la poitrine, ou l'élevation de ses os. Ceux qui n'ignorent pas l'artifice des arquebuses à vent, ou de ces petites fontaines à jet qu'on voit dans les ruës de Paris, sçavent de quoy le ressort de l'air est capable. La part qu'a l'air interne à l'élevation du sang vers la tête par la compression qu'il cause au poumon, le rend fort semblable à celuy qu'on renferme, & qu'on presse dans ces petites machines d'où l'eau monte en l'air à une hauteur considerable. La poitrine est comme la fontaine, le sang comme l'eau qui s'élance en l'air, le tronc ascendant de l'aorte, comme le tuyau par où la liqueur monte, & le sang qui s'éleve par là, comme le jet d'eau.

Mais la contraction de la poitrine & le pressement de son air, ne sont pas les seuls ressorts qui font serrer le poumon. Ses fibres charnuës dont les bronches, & sur tout les cellules, sont tissuës aprés un certain degré de distension, qui leur fait peut-être quelque irritation pour y attirer les esprits en plus grande quantité, ne manquent pas de faire le ressort, & de retourner d'elles-même à leur premier état, l'esprit animal qui coule dans leur cavité leur faisant faire le même effet que la matiere subtile de Descartse aux corps solides. Alors tout le poumon se ramassant, chasse l'air contenu dans ses cellules & dans ses bronches, avec les fumées dont il s'est chargé.

Cette liqueur subtile du refrigeratoire naturel, étant fort susceptible de mouvement & de chaleur, ne pouvoit pas demeurer long-temps prés de la chaudiere du cœur, & dans le poële de la poitrine sans y perdre

perdre bien-tôt en s'échaufant la qualité qui la rend vitale : c'est pourquoy il a été necessaire de la changer de moment en moment par la vicissitude continuelle de l'inspiration & de l'expiration. L'eau qu'on met dans le refrigeratoire ou sur le corps de l'alembic ne sert pas seulement à épaissir en liqueur les vapeurs spiritueuses que le feu pousse vers le chapiteau de l'alembic, mais encore à empêcher la dissipation de l'esprit le plus subtil qui pourroit penetrer la chape. Ainsi l'air n'entre pas dans le poulmon seulement, pour donner quelque consistence au sang que la chaudiere du cœur a fort rarefié, mais encore pour empêcher la dissipation de son esprit, que le feu du cœur a mis dans un grand mouvement. Et si cette précaution est necessaire à la conservation des esprits que la Chymie artificielle tire, combien plus l'étoit-elle à la conservation de cét esprit que la Chymie naturelle rectifie dans l'alembic animé, puis qu'il est sans comparaison plus délié, plus fin & plus sujet à la dissipation. Aussi la Nature ne s'est pas contentée de mettre l'eau de son refrigeratoire sur le haut de l'alembic, c'est à dire, dans la region superieure du poulmon. Elle la fait couler dans tout le corps de la cucurbite, sans la mêler pourtant entierement avec la liqueur qui doit estre distillée, faisant passer celle-cy dans des tuyaux separez de ceux où l'air est contenu.

A l'égard de l'esprit qu'on nomme vital, ou qui se forme dans la poitrine, le poulmon est comme ce vaisseau, qui contient l'eau du refrigeratoire. Les arteres & les veines qui font mille tours, sont comme les serpentins, par où l'esprit vital circule, pour se distiller. Les tuyaux entortillez passent à travers l'eau du refrigeratoire & les vaisseaux qui portent le sang du ventricule droit au ventricule gauche, traversent le poulmon rempli d'air. Non seulement chaque vaisseau de sang est accompagné de son bronche, afin que le bain sec que l'air luy fournit dans toute son étenduë, le puisse temperer, mais encore l'air & le sang se mélent dans les vesicules, afin que ce mélange anime & vivifie le sang par l'esprit de l'air qui le rend beaucoup plus vif & plus propre à la sublimation ou à la distillation qui s'en doit faire dans l'alembic vivant.

Cette operation de la Chymie naturelle ne peut se faire sans feu. Le bas ventre plein des soufres de la bile est comme le foyer, où la Nature met, pour ainsi dire, son bois ou ses matieres inflammables, pour entretenir le feu du fourneau naturel qu'elle a fait dans la poitrine. Le cœur & le poulmon sont comme la cucurbite qui contient la liqueur qui doit être distillée, c'est à dire, le sang. Mais comme on auroit beau mettre du bois au foyer d'un fourneau, si l'on luy ôtoit la communication de l'air, en fermant tous ses registres : ainsi le feu que Dieu allume dans la poitrine de l'animal, & qu'il entretient par les matieres inflammables qu'il a mises dans le bas ventre, comme dans le foyer du fourneau vital, s'éteindroit bien-tôt, si l'Auteur de la Chymie naturelle ne luy avoit ouvert des registres dans la bouche, dans les narines & dans tous les pores du corps, par où l'air entre pour servir de pâture au feu de la vie. Le poulmon n'est donc pas seulement l'éventail de la poitrine, mais encore les soufflets par lesquels la Chymie naturelle allume son feu dans le fourneau de la poitrine. Ce sont des soufflets qui soufflent des deux côtez, allumans par le souffle de la bouche, le feu exterieur, & par celuy des bronches, l'interieur. On sçait assez que le nitre dont l'air se trouve chargé, se mêlant avec les soufres du sang, en aide l'inflammation, & en rend la flamme plus claire, de fameuse qu'elle étoit auparavant. Si ce mineral produit cét effet sur le feu de dehors, pourquoy ne feroit-il pas la même chose à celuy de dedans qui est de même nature? Et s'il conserve le premier, en luy fournissant la pâture dont il a besoin, & en écartant les fumées qui pourroient l'étouffer, n'est-il pas bien-vray-semblable qu'il rend les mêmes offices à la flamme vitale, à qui l'inspiration porte la nourriture, & dont l'expiration chasse au dehors les fuliginositez. L'âpre artere est la grande cheminée par où doivent sortir les fumées du feu vital. Les autres bronches sont comme autant de tuyaux de petites cheminées, qui aboutissent toutes à cette grande. Les exhalaisons sulphurées & salines qui s'élevent du sang, pourroient former une espece de suye contre les côtez de ces cheminées naturelles, si l'air qui ne fait qu'entrer & sortir, ne les ramounoit continuellement, & pourroient échauffer, alterer l'animal, & irriter la membrane dont la Trachée est tapissée, si le torrent de l'air qui coule par un flux & reflux continuel par ces canaux de la poitrine, ne rafraichissoit & ne desalteroit l'animal, en se chargeant de ces corps chauds pour les porter dehors. Tant que le feu du corps animé demeure dans une juste moderation, ces cheminées n'en sont ni trop desséchées ni noircies. Mais quand il devient excessif, comme dans l'embrasement d'une fievre maligne, qui dégage & exalte trop les soufres dont la sublimation fait la flamme, tous ces tuyaux tombent dans une grande secheresse, & deviennent même noirs comme autant de cheminées, comme on le peut remarquer à la bouche de ceux qui sont dans l'incendie d'une fievre maligne. Ce grand feu n'est pas propre à la distillation du sang, & moins encore à la rectification de son esprit, puisque la Chymie artificielle fait voir que ces deux operations demandent un feu moderé, l'excessif ne faisant pas monter seulement l'esprit, mais encore les principes grossiers dont on a dessein de les separer.

Cette distillation & ce rafinement de l'esprit du sang est la premiere des operations animales, dont on doit faire un petit traité, puis qu'elles sont la principale partie de la vie de l'animal, qu'on explique dans cét Ouvrage.

ARTICLE II.

Des Actions Animales.

ON les va expliquer dans l'ordre que la Nature leur a donné, parlant 1. de la formation de l'esprit, parce qu'elle precede toutes les autres dans le progrez que le jeune animal fait d'une de ces operations à l'autre, & parce que toutes les autres la supposent, puisque l'esprit animal est leur instrument. 2. On expliquera le sentiment avant le mouvement, parce que celuy-cy prend ordinairement occasion de celuy-là. 3. L'une & l'autre de ces fonctions étant ordinairement suivie de celle qu'on nomme le sens commun, on en dira quelque chose dans la troisiéme partie de ce traité. 4. La quatriéme est destinée à l'imagination, qui ne differant du sens commun, que par quelque degré de clarté pour la representation de l'objet, pourroit estre traitée méme dans le méme article. 5. Le raisonnement à qui ces fonctions fournissent la matiere, ne peut estre placé qu'aprés elles. 6. Enfin la memoire étant, pour ainsi dire, leur Secretaire & comme le Deposifaire de leurs objets, ne peut eſtre qu'a leur ſuite, & faire la clôture du diſcours qu'on deſtine à leur expoſition.

Les actions dont on vient de faire l'énumeration, ſe nomment animales, parce qu'elles diſtinguent l'animal de la plante, avec qui ſes autres fonctions, la nourriture, l'accroiſſement & la generation luy ſont communs. On en va commencer l'explication par la formation de l'eſprit animal, parce qu'il eſt l'inſtrument de toutes les autres, & qu'il eſt produit plûtôt qu'elles dans la machine animée. La cauſe eſt plûtôt que ſon effet, le vent doit ſouffler avant que le moulin à vent tourne, & l'on ne voit moudre ceux de riviere, que quand les eaux s'y ſont amaſſées en une quantité ſuffiſante. L'eſprit animal eſt à l'animal à l'égard du mouvement, ce qu'eſt le vent & l'eau à ces moulins. Le cerveau eſt le lieu natal & le reſervoir de ce puiſſant mobile, ou de cette liqueur inviſible qui fait joüer les muſcles de l'animal, comme autant de machines hydrauliques & pneumatiques. Le Saint Eſprit dit qu'on ne ſçait ny la ſource, ny le chemin du vent qui ſouffle dans le grand monde, mais on connoît l'origine, la matiere & les routes de ce vent qui ſouffle dans le petit. L'uſage de l'æolipile a fait conjecturer que le vent n'étoit qu'une eau extremement rarefiée, & agitée par les feux souterrains dans les cavernes, comme dans autant d'æolipiles naturelles, & échapée par des issuës, qui par leur petit espace en augmentent la rapidité, ou pressées & chassées par la chûte des corps superieurs. La matiere du vent qui souffle par les nerfs dans les muscles, est de même une liqueur rarefiée, puis qu'elle n'est que le sang subtilisé par la distillation. Cette proposition est certaine & non conjecturale. Comme le vent, l'esprit animal a la chaleur pour cause efficiente, & peut-être que la maniere en laquelle cette cause commune agit pour la production de l'un & de l'autre, n'est pas fort differente. Il est fort vray-semblable que les montagnes creuses sont comme autant de grands alembics, leur fonds caverneux est comme la cucurbite qui contient l'eau, que la chaleur sousterraine subtilise & pousse vers le sommet de la montagne, comme vers le chapiteau de l'alembic. Et c'est pour cela que les Poëtes logent Æole dans une montagne, où les vents ses sujets:

Circum claustra fremunt magno cum murmure montis.

Et c'est à peu prés de cette façon que
l'esprit

l'esprit animal, le vent du petit monde, se forme. Tout le corps est comme un grand alembic où le sang se distille en esprits; le bas ventre en est comme le foyer qui contient le foye, la rate & les autres visceres naturels, comme autant de charbons; & les soufres de la bile & des gros excremens, comme la matiere qui entretient son feu. La poitrine est la cucurbite qui contient la liqueur qui doit être distillée : c'est du moins de là qu'elle se sublime vers la tête comme vers le chapiteau de l'alembic naturel. Le feu vital en pousse & fait sublimer l'esprit & ses autres principes volatiles, qui rencontrent à la tête le chapiteau des meninges & du crane, par la fraicheur & l'opposition desquels ils s'arrêtent & retombent sur la substance du cerveau qui s'en imbibe comme une éponge grasse & tres-propre à déphlegmer & rectifier un esprit. Ou pour mieux dire, celuy de l'animal n'est pas plûtôt élevé à la tête par la chaleur des entrailles, qu'il est obligé à se filtrer dans les petites glandes dont la surface du cerveau est toute composée. Et afin que cette distillation & cette filtration se fissent mieux, il faloit tenir en mouvement les esprits du sang, & continuer à en aider le dégagement par la chaleur, c'est pourquoy la Nature forme sur le cerveau une espece de B. M. par une infinité de veines & d'arteres qu'elle y a mises. Les meninges sont comme ces linges moüillez qu'on met quelque fois sur les alembics pour empêcher la dissipation de l'esprit le plus subtil, & pour aider l'incorporation de l'autre, & la matiere solide du crane ne répond pas mal à celle dont les chapiteaux se forment. La froideur naturelle de toutes ces matieres, & celle du cerveau, auroit pû nuire à la separation de l'esprit, si l'on n'en avoit moderé l'excez par le moyen dont on vient de parler. On voit bien par là pourquoy la couverture du cerveau a dû être osseuse pour la distillation de l'esprit, aussi bien que pour la deffense de sa substance tendre, mais on comprend aussi par là même pourquoy tous les vaisseaux du cerveau, qui devoient être en grand nombre pour fournir la matiere de cette grande quantité d'esprits, dont tout le corps a besoin, se devoient aller rendre à sa partie cendrée, qui en est le filtre & la matrice.

L'esprit ne s'est pas plûtôt épaissi en liqueur à la rencontre du chapiteau, qu'il commence à distiller & à couler par le bec de l'alembic, où son propre poids & le penchant du lieu l'entraînent. Ainsi l'esprit animal n'est pas plûtôt formé dans le cerveau, qu'il commence à couler par les nerfs, qui sont comme les becs de l'alembic, & les organes qui le reçoivent, sont comme les vaisseaux qu'on y adapte pour le recevoir, & qui pour cette raison sont nommez recipiens. De sorte que comme personne ne s'avise de demander pourquoy l'esprit qui se distille, descend de luy-même du chapiteau au bec & au recipien: aussi l'on ne croit pas que personne ait peine à connoître la cause qui fait descendre l'esprit du cerveau dans les parties basses. S'il se trouvoit quelqu'un que la pente où cette liqueur se trouve, ne satisfît pas, on pourroit luy faire faire reflexion sur l'eau d'une source, qui sort d'elle-même par divers canaux sans autre ressort que sa propre liquidité, la disposition du lieu, & le piston de l'eau nouvelle qui chasse celle de devant. Le cerveau est cette fontaine qui, scituée au sommet du corps comme sur une haute montagne, se décharge de haut en bas par une espece de casquade naturelle, le long des canaux qu'on nomme nerfs, par où coule la liqueur invisible des esprits. Et si le vent sort d'une œolipile sans autre moteur que le feu qui rarefie l'eau, & la pousse dehors, pourquoy l'esprit de l'animal, encore plus subtil & plus remuant que ce vent artificiel, ne sortiroit-il pas du cerveau, pressé par le feu du fourneau animé ? Si l'on n'étoit pas encore content sur la cause qui distribuë l'esprit en l'obligeant à descendre, on pourroit ajoûter à toutes celles qu'on a proposées, le systole des meninges, qui comme un ressort battant continuellement, chassent en bas l'esprit par leur contraction, qui fait au cerveau ce qu'une main fait à une éponge en la pressant pour luy rendre la liqueur qu'elle a bûë.

L'esprit ainsi pressé descend par la premiere paire de nerfs dans le nez pour l'odorat; par la seconde, troisiéme & quatriéme, aux yeux pour leur mouvement, & pour la vûë, par la cinquiéme & sixiéme, à la langue & à la membrane, qui tapisse toute la bouche, pour le goût; par la septiéme, à l'oreille pour l'oüie, & par un grand nombre d'autres nerfs, à la peau & aux autres membranes qui sont l'organe de l'attouchement. Tous ces nerfs tirant leur origine des glandes, qui composent la partie cendrée, où ils puisent l'esprit qui s'y filtre, & traversant le corps calleux, les canelez & la moële alongée, vont sortir sous celle-cy, comme autant de tuyaux qu'on appliqueroit à une fontaine pour en faire couler les eaux, la Nature qui va toûjours au plus facile autant que l'utilité le permet, ayant voulu faciliter par la scituation & l'origine de ces canaux la distribution de la liqueur qui doit y couler.

Cet esprit parvenu aux organes des sens par les voyes qu'on a déja marquées, en est repoussé par les objets sensibles, qui frappent les organes où il est contenu. Cette liqueur extremement subtile, & fort susceptible d'ébranlement, ne sçauroit être poussée tant soit peu de dehors en dedans, qu'elle ne retrograde avec une promptitude inconcevable, & plûtôt qu'en un clin d'œil, vers le cerveau. 1. Les soufres déliez & les sels volatiles qui s'élevent d'un corps odorant, allant pousser la membrane dont les narines sont revêtuës, obligent ses esprits à retourner jusqu'au cerveau, ou du moins à y étendre leur mouvement par la loy de la continuité. 2. La lumiere n'a pas plûtôt frappé la retine, que les esprits de cette tunique refluent par les nerfs optiques, donc elle n'est qu'une production, & remontent jusqu'à leur source. 3. Les sels des alimens piquant ces nerfs, qui par leurs petites avances rendent la membrane interne de la langue toute houpée & veloutée, en font tremousser les esprits depuis cet organe jusqu'à l'origine des canaux qui les contiennent. 4. L'air externe frappant le tambour de l'oreille, ébranle l'interne qui luy est continu ; & celuy-cy par la même loy de continuité pousse le nerf de la coquille, pour en ébranler les esprits, dont l'ébranlement s'étend en un moment jusqu'au cerveau. 5. Enfin tout ce qui se touche imprimant quelque mouvement aux esprits de la peau & des autres tuniques, les fait reculer par les nerfs qui les y portent, jusqu'au lieu d'où ils étoient partis, ou du moins le pressement qu'ils leur donnent au bout exterieur du nerf, se doit faire sentir en même-temps à l'extremité interieure, comme l'impulsion qu'un astre cause à la matiere œtherée s'étend du Ciel jusqu'à la Terre en un instant, & comme un bâton ne sçauroit être ébranlé à un bout, que son mouvement ne passe incontinent à l'autre bout,

L'ame presente dans le cerveau, remarque ces mouvemens, ou pour mieux dire, à leur occasion elle est déterminée à penser aux objets qui les causent. Elle est comme une personne logée dans une maison à cinq portes où plusieurs personnes vont hurter, à force d'observer la maniere en laquelle chacun hurte, elle connoît à ce signe la personne qui frappe la porte. Ainsi l'ame peut avoir si bien remarqué le mouvement ou l'effet que chaque objet sensible produit sur l'organe du sentiment, qu'elle ne hesite point à penser à luy par cette occasion, avertie qu'elle est qu'un tel ébranlement, ou un tel changement qui se passe dans le cerveau, est la production d'un certain objet. Si ce mouvement se passe dans les filets des nerfs dont tout le cerveau est tissu, l'ame qui y loge est comme l'araignée, qui sent le moindre branle des filets dont est composée sa toile, au milieu de laquelle elle se tient. Mais si les esprits sont le sujet de ce mouvement, l'ame est comme un hydromantien, qui observe les l'ondulation des eaux pour découvrir la cause qui l'excite, soit qu'il ait été averty, ou qu'il ait observé luy-méme, qu'une certaine cause donnoit à la liqueur un tel ébranlement. Cette explication roule sur ce principe incontestable, que la presence d'un effet détermine l'obfervateur à penfer à fa caufe connuë. On ne voit guere la fumée avec quelque attention, qu'on ne fe fouvienne incontinent du feu qui la produit. Il ne faut donc pas demander quelle reffemblance il y a entre ce figne & la chofe qu'il fignifie, entre ce mouvement & les objets fenfibles dont il excite l'idée dans l'ame. De bonne foy, eft-ce la reffemblance de la fumée avec le feu, qui nous fait penfer à l'un à l'occafion de l'autre ? Point du tout. On ne trouve point d'autre rapport entre ces deux chofes, que celuy de la caufe à l'effet.

Et quoy-que le figne à l'occafion duquel l'ame penfe aux objets, ne confifte que dans le mouvement, il ne s'enfuit pas que les fenfations doivent être toutes femblables, car comme il y a diverfes efpeces de mouvement, ainfi il y a diverfes manieres de fentir. Et ces differences viennent de la difpofition de l'objet fenfible, & de celle de l'organe qui en eft frappé. Autre eft la ftructure de l'œil, & autre celle de l'oreille. Et les petits corps qui font fentir la lumiere, font fort differens de ceux qui donnent

DE L'ANIMAL. 121

nent la senfation du son. Peut-être même que les esprits qui sont dans chaque organe ont quelque diversité qui dépend de la disposition particuliere du tuyau qui les y mene. Mais il seroit difficile de donner à ce probleme une decision certaine. Quoyqu'il en soit, chaque objet étant different d'un autre en figure, en quantité, en mouvement ou en la maniere de s'appliquer à l'organe, doit donner aux esprits qu'il y trouve, une impression qui luy est particuliere, & déterminer l'ame qui observe ces mouvemens, à penser plûtôt à luy qu'à un autre. Toutes les ondulations qui sont excitées par les objets d'un sens, ont bien quelque chose de commun, qui font connoître qu'elles viennent de l'œil, & non de l'oreille. Mais elles ont aussi quelque chose de particulier qui les distingue entre elles, & qui détermine l'idée, ou la notion vague & specifique, à la particuliere & individuelle. L'ame ne s'apperçoit pas seulement que c'est la lumiere qui a causé aux esprits le mouvement qu'elle remarque, mais encore elle connoît que c'est la lumiere reflechie par un tel objet. On doit dire la même chose des autres sens.

Leurs objets meuvent tellement les esprits de l'animal immediatement, ou par les penſées qui naiſſent dans l'ame à leur occaſion, qu'ils ſont obligez d'entrer tantôt dans un nerf & tantôt dans un autre, & de couler dans le ſein de certains muſcles auſquels leurs canaux aboutiſſent. Verſez dans la cavité des fibres, ils cauſent au ſuc artificiel qu'ils y rencontrent, une rarefaction extraordinaire & fort prompte, qui gonflant & racourciſſant tous les filets dont le muſcle eſt tiſſu, leur fait tirer & mouvoir la partie à laquelle tout ce faiſceau de fibres ſe termine par ſon tendon.

Mais ſi les penſées de l'ame donnent occaſion aux mouvemens du corps, ceuxcy déterminent à leur tour l'ame à penſer aux objets qui les ont cauſez. Il ſe fait un flux & reflux perpetuel des eſprits qui coulent du cerveau aux muſcles, & recoulent des muſcles au cerveau, pour y porter une nouvelle occaſion qui détermine l'ame à reflechir ſur l'objet qui produit tous ces mouvemens.

Les eſprits ne peuvent pas rentrer dans le cerveau ſans paſſer par le tronc de la moële alongée, qui en eſt la baze & l'origine de tous les nerfs, mais les routes que la Nature y a tracées étant imperceptibles par leur petitesse, ne peuvent pas contenir cette quantité d'esprits qui rend leurs ondulations sensibles à l'ame.

Elles ne commencent à s'en faire sentir que dans les corps canelez, où les tuyaux des esprits sont assez larges pour en contenir une grande abondance, par laquelle leurs mouvemens deviennent perceptibles à l'ame.

Mais la perception qu'elle en a est encore vague & confuse; l'ame sçait déja l'espece, mais non pas l'individu de l'objet. Elle apprend là que le mouvement conçû par les esprits dépend d'un son, & non pas d'une couleur. Mais elle ne sent pas encore si c'est un son grave ou un son aigu, ou par quel objet particulier il a été causé. Et parce que l'idée que l'ame forme à l'occasion de ce signe indistinct, est commune à plusieurs especes, ou à plusieurs individus, on nomme cette operation le sens commun; quoy-que les corps canelez, ou ces éminences, qui sont scituées au bout anterieur de la moële, puissent en être le siege pour une autre raison, qui consiste en ce que cet endroit est le rendez-vous commun aux nerfs de tous les sens.

Les ondulations que les objets excitent

dans les esprits, ou l'impulsion qu'ils leur donnent, ne s'arrêtent pas là, mais passant dans cette partie du cerveau que sa fermeté fait nommer le corps calleux, elles y deviennent plus remarquables à l'ame, leur évidence ou leur grandeur étant proportionnées à l'abondance des esprits qu'elles y trouvent, comme dans le bassin general qui les reçoit immediatement de la partie cendrée où ils se filtrent. La clarté de l'idée que l'ame forme ayant de la proportion avec la grandeur de l'ondulation ou du signe, qui luy en fournit l'occasion, celle qu'elle conçoit dans le corps calleux, où il y a beaucoup plus d'esprits, comme dans le reservoir & dans le bassin de cette liqueur subtile, doit être si grande & si claire, qu'il semble à l'ame qu'elle voit l'image de l'objet. De là vient que cette fonction de l'ame s'appelle l'imagination.

L'ame faisant ensuite reflexion sur ces idées, y remarque certains rapports par lesquels elles peuvent être jointes, & la jonction de deux idées simples par le verbe que les Grammairiens nomment substantif, forme la proposition, l'ame observant que l'idée d'une espece comprend tout ce qui est dans celle du genre, les unit toutes deux dans une propofition affirmative, afſeurant de l'homme qu'il eſt un animal, parce qu'elle ne trouve rien dans la Nature de l'animal, qui ne ſoit dans celle de l'homme. Aprés avoir lié l'idée de l'animal avec celle de l'homme, elle remarque que cette derniere eſt toute contenuē dans la Nature particuliere de Pierre, & les aſſemble encore pour la même raiſon dans cette ſeconde énonciation, Pierre eſt un homme. En ſorte que l'idée de l'animal ſe trouvant jointe avec celle de Pierre par le moyen de celle de l'homme, on les unit dans cette troiſiéme propoſition, Pierre eſt un animal, & c'eſt de l'aſſemblage de ces trois propoſitions que ce raiſonnement reſulte.

L'homme eſt un animal,
Pierre eſt un homme,
Pierre eſt donc un animal.

Où l'on voit l'idée de Pierre jointe à celle de l'animal par celle de l'homme, qui a de la liaiſon avec l'une & l'autre. Le raiſonnement n'eſt donc autre choſe que l'union de deux termes, ou de deux idées, dont la liaiſon ne paroît pas d'abord, par le moyen d'un terme moyen, ou d'une idée moyenne, qui a un plus viſible rapport à l'un & à l'autre.

Si le mouvement d'esprit, qui fait naître toutes ces idées dans l'ame, est assez fort pour parvenir jusqu'à la plus haute partie du cerveau, à qui sa couleur a donné le nom de partie cendrée, il y laisse une trace de son passage, dans laquelle les esprits ne sçauroient plus passer sans reprendre le même mouvement, ou la même modification, qu'ils avoient la premiere fois qu'ils l'ouvrirent, & sans déterminer l'ame à penser à l'objet qui l'avoit causé. C'est dans cette seconde formation d'une idée en l'absence de son original, que consiste la fonction de la memoire.

On est passé fort succinctement sur les actions animales, pour ne pas repeter ce qu'on en a dit ailleurs. On s'est contenté d'en donner un abregé fort succint, parce qu'on a cru qu'il suffisoit au dessein qu'on a de donner de la vie de l'animal une idée dégagée des superfluitez scholastiques.

Mais l'esprit curieux ne se contente pas de sçavoir la maniere en laquelle l'animal vit, il veut encore apprendre comment il meurt. L'histoire est incomplete, si elle ne marque la mort de celuy qui en fournit le sujet. Et celle de l'animal ne seroit pas achevée, si elle ne parloit de sa mort, qui doit être la matiere de la troisiéme Section, ou de la derniere partie de ce traité.

SECTION III.

De la Mort de l'Animal.

LEs Poëtes ont mis une faux à la main de Saturne, pour signifier qu'il n'est point de corps dans ce monde qui soit à l'épreuve du temps. Les rochers, les marbres, le diamant même le plus dur de tous les corps, perdant continuellement de leur propre substance, ne peuvent durer qu'un certain temps, n'ayant pas un nombre infini de parties. Si ces composez dont les principes semblent être dans un repos parfait, & dans une étroite liaison, ne sont pas exempts de cette fatalité, le corps animé dont toutes les parties sont dans un mouvement continuel, & dont la conservation dépend d'une parfaite correspondance entre toutes ses parties, qui peuvent être si facilement broüillées, & que leur

delicatesse inexprimable expose à une infinité d'accidens, n'est-il pas plus prés de sa
ruine que tous les autres corps ? Une machine se détruit par son propre usage, ses
jeintures s'usent, ses parties se rompent,
ses ressorts s'affoiblissent ou se demontent,
le défaut d'un seul membre en broüille toute l'œconomie. Le corps de l'animal est
une machine bâtie avec un artifice divin,
composée de parties extremement fragiles,
muë par un grand nombre de ressorts, que
leur delicatesse rend pour la plusparr invisibles. Mais pour ne parler encore que
des parties visibles, qui ne s'étonnera que
tant de vaisseaux déliez comme des cheveux, tant de petites veines, d'arteres, de
veines lactées ou lymphatiques, soient si
long-temps à l'épreuve de l'ébullition, de
la rarefaction & de l'impetuosité du sang
& des esprits qui y passent. Cette humeur
fougueuse cherche par tout quelque issuë;
enflée de ses esprits & de ses soufres rare-
fiez, elle cause souvent une grande tension
aux vaisseaux qui la contiennent. Et si le
vin & la biere font crever par leur ébullition
les plus fortes bouteilles, & les tonneaux
même, n'est-ce pas une merveille que des
canaux aussi foibles que ceux qui portent
le

le sang, dont les fermentations sont encore plus violentes, resistent à leur impetuosité ? Dans quel danger n'est donc pas la machine hydraulique de l'animal, de perdre par la rupture de quelque tuyau, la liqueur qui fait joüer tous ses ressorts ? Dés qu'un grand tuyau de Versailles creve, toutes ces machines que les eaux faisoient auparavant agir, demeurent sans action & sans mouvement, à cause de la communication que tous ces canaux ont entr'eux : & dés qu'un vaisseau considerable est ouvert dans le corps animé, toute la liqueur qui faisoit aller ses ressorts, se perdant par cette bréche, l'animal est sans force & sans vie. C'est un moulin à eau qui s'arrête, dés que le torrent qui le faisoit moudre est tary ou diverty ailleurs.

L'élevation des humeurs boüillonnantes est bien la cause la plus ordinaire de cet épanchement. Mais combien de sels acres n'y a-t'il pas dans le sang, qui comme autant de lancettes, percent les membranes de ces vaisseaux ? Ce sont autant de rasoirs affilez que le torrent de la circulation pousse contre les tuniques, qui en sont déchirées.

Mais quand toute la masse du sang demeureroit toûjours renfermée dans les ca-

R

naux, sans y faire aucune brêche par son impetuosité, ou par son acreté, si quelque obstacle en arrête le cours, toutes les fonctions de la machine animée ne sont-elles pas suspenduës ? Et quelle merveille n'est-ce pas qu'un si grand nombre de canaux puissent demeurer si long-temps libres de tout embarras ? Il ne faut pour ainsi dire qu'un atome pour boucher la cavité de la pluspart d'entr'eux, & cependant il entre dans le corps animé quantité d'alimens grossiers, qui ne fournissant qu'un suc épais, doivent rendre bourbeux le ruisseau de la circulation; & la meilleure nourriture mal divisée par le foible dissolvant de l'estomach, ne peut fournir qu'une matiere d'obstructions, qui comme autant de digues, s'opposent à la circulation des humeurs. Qui est-ce qui ne fremit à la vûë de ces petits trous par où le sang doit entrer ou sortir du cœur, & qui ne sçauroient se fermer un moment, sans que l'animal meure ? Un sel acre ne sçauroit percer le moindre vaisseau prés du cœur, de l'aorte ou de la veine cave, sans verser en peu de temps tout le tresor de la vie, & toute l'huile sans laquelle la lampe vitale s'éteint. Qui est ce qui ne tremble à la consideration des membranes déliées du poumon, & de tant de toiles plus foibles encore que celle de l'araignée, qui ne sçauroient pourtant être déchirées sans nous expoſer au dernier danger? La mort gliſſe dans nôtre corps par la moindre ouverture qui ſe faſſe dans ce viſcere; le plus petit vaiſſeau rompu y eſt une bréche irreparable, par laquelle le dernier ennemy entre infailliblement. Et la foibleſſe de ces tuyaux comparée à la force des cauſes qui l'attaquent, fait regarder leur conſervation & nôtre vie, qui en dépend, comme un miracle continuel.

Mais la rupture d'un vaiſſeau dans ce viſcere delicat, n'eſt pas toûjours neceſſaire pour donner la mort à l'animal, une ſeule goute de ſang repandu dans le cerveau par la dilatation de quelque tuyau, ſuffit pour y former un abſcez incurable, & même pour luy cauſer une mort ſubite, ſi cette petite quantité d'humeur extravaſée tombe ſur le nerf du cœur, ou ſi la moindre goute d'eau ou de ſeroſité, qui ne manque jamais dans le cerveau, coulant dans ce petit canal, en bouche la cavité. Un rayon du Soleil perçant une nuë, ou paſſant par une petite ouverture, eſt capable d'exciter dans la tête une ébullition, qui rompant le moindre vaiſſeau, tuë l'homme le plus robuſte.

La delicateſſe des vaiſſeaux lymphatiques

& des veines lactées les exposant aux mêmes accidens, met aussi la vie de l'animal dans un danger évident. Une infinité de causes qui peuvent arrêter le cours de ces liqueurs qui roulent dans le corps animé, peuvent arrêter aussi celuy de sa vie. La compression de quelque corps exterieur, de quelque tumeur ou de quelque autre obstacle, la contraction convulsive de ces anneaux nerveux qui les environnent, l'embarras de quelque corps grossier qui en bouche la cavité, la propre épaisseur de la liqueur même qui y coule, toutes ces causes, & plusieurs autres dont le dénombrement seroit ennuyeux, peuvent ôter à l'animal la vie, qui dépend de la circulation de ces humeurs. La petitesse de leurs canaux fait assez voir qu'il ne faut pas des corps fort gros pour en fermer le passage ; & si l'on voyoit quelque fois celuy qui a causé la mort, on auroit bien de la peine à trouver de la proportion entre un si grand effet & une si petite cause. Que la structure de nôtre machine est delicate & fragile ! il ne faut, pour ainsi dire, qu'un grain de sable pour en détraquer tous les ressorts, pour en démonter toutes les parties, & pour en troubler toute l'œconomie, sans laquelle elle ne peut subsister un moment ; & il n'y a que cette main toute-puissante qui la bâtie, qui puisse la conserver. Qu'on ne s'étonne plus de la briéveté, mais plûtôt de la langueur de sa durée. Nôtre vie est donc un miracle continuel. Un effet qui demande le concours de plusieurs causes, est ordinairement difficile, tantôt il y en manque quelqu'une, tantôt elles ne se trouvent pas dans cette juste proportion, ou dans ce parfait concert, qui les doit unir. Et la santé dépend d'un nombre presque infini de causes. 1. Chaque partie doit avoir sa structure particuliere, sans laquelle elle ne sçauroit faire ses fonctions. Une montre est démontée, dés qu'une de ses parties a perdu la figure qu'elle doit avoir. 2 Ses ressorts ne vont plus, dés qu'ils sont sortis de leur arrengement naturel; & ceux qui composent la machine animée, s'arrêtent ou se détraquent dés qu'un d'eux est hors de sa scituation ordinaire. Et d'où vient qu'ils y demeurent si long-temps? Comment peuvent-ils soûtenir l'effort d'une infinité de causes qui tachent de les en tirer? Comment est-ce que tant de mouvemens ou continuels ou violens, les laissent si long-temps en leur place? Cette admirable liaison que Dieu a mise entr'eux, contribuë sans doute beaucoup à leur conservation.

Mais d'où vient que des liens si foibles resistent un jour à des causes si puissantes, qui s'efforcent de les rompre ? Une toile d'araignée n'est pas plus facile à déchirer, que la plusparc de nos membranes. Ces toiles sont tissuës d'un fil si délié, qu'il semble n'étre pas à l'épreuve de la moindre violence. Les tissus les plus fins, sont les plus aisez à rompre pour la delicatesse de leurs principes : & les machines hydrauliques, qui sont composées d'un plus grand nombre de tuyaux, sont les plus fragiles, & les plus sujettes au desordre. Nôtre corps n'est qu'un assemblage d'une infinité de tuyaux, dont la fragilité n'est presque pas concevable. Si la delicatesse & la petitesse de ce nombre infini de vaisseaux capillaires fait peur à ceux qui sçavent que leur vie dépend de la resistance qu'ils doivent faire à plusieurs violentes causes, qui ne cessent d'agir contr'eux, quelle crainte ne doivent-ils pas avoir pour leur vie, quand ils considerent qu'outre ces vaisseaux déliez comme des cheveux, leur corps en a beaucoup d'autres que leur petitesse rend invisibles, & mille fois plus fragiles. La chair des muscles n'est qu'un tissu de tuyaux, qu'on nomme fibres, où coulent l'esprit animal & le suc arteriel, pour les usages marquez ail-

Τὸ σῶμα πάνρεον. Hipp.

leurs. Les vaisseaux du sang, du suc nerveux, de la lymphe, & de la rosée qui s'exhale en sueur, augmentent bien ce faisceau, mais ils n'en font pas le principal tissu. Cependant la conservation de ce membre dépend de celle de ces parties, dont l'extreme fragilité le menace à tous momens d'une ruine subite. Le tendon même, la partie du muscle la plus solide, n'est qu'un composé de plusieurs tuyaux où l'esprit animal est gardé, pour couler de là dans les fibres des muscles, aussi souvent qu'il en est besoin. L'abondance de ces esprits qu'il contient, luy donne un sentiment si vif, qu'il ne peut pas souffrir la moindre irritation. Une piqueure d'éplingue dans cette partie, jette tout le corps dans une grande convulsion. Une si petite cause produit encore plus facilement ce surprenant effet sur le nerf, ou sur les membranes qui donnant le sentiment à toutes les autres parties, doivent être elles-mêmes beaucoup plus sensibles. Le nerf est une corde tissuë de plusieurs filets, très-faciles à rompre, il est vray que l'union leur donne beaucoup de force, puis-qu'un enfant pourroit couper tous les filets d'une corde que cent hommes ne sçauroient rompre. Mais ces fibres dont le nerf est tissu, se separant à leur insertion dans les parties qu'ils animent, ils tombent dans le danger d'être rompus au moindre effort. Il faut pourtant que ces filets fragiles résistent à l'impétuosité des esprits, & à la violence des mouvemens extérieurs. Le torrent des esprits est un vent impétueux, capable de briser tout ce qui s'oppose à son passage : & si les plus forts cordages d'un navire se rompent par la violence d'un orage, quelle merveille n'est-ce pas que les filets des nerfs ne soient pas rompus par la tempête qui s'éleve souvent dans les esprits ? Car les cordes d'un bâtiment ne sont pas plus rudement secouées par la plus violente tempête, que les nerfs par une convulsion generale. On n'est pas surpris que les cables résistent quelque fois à la violence de l'orage, mais si les plus petites cordes demeuroient entieres après une grande tempête, on seroit dans une agreable surprise. Et qui ne s'étonnera que non seulement les gros nerfs tiennent bon contre les mortelles secousses d'une convulsion universelle, mais qu'encore les plus petits filets nerveux n'en souffrent pas la moindre bréche ? Les esprits qui font la convulsion, ne sont pas seulement comme un tourbillon de vent, qui abat & qui rompt tout ce qu'il trouve sur son passage, ils sont encore

comme

comme une mine dont la violente explosion fait un fracas qu'on ne sçauroit croire sans l'avoir veu. Comment est-ce donc que la rarefaction prodigieuse & subite de cette poudre à feu, qu'on nomme l'esprit animal, ne fait pas crever les nerfs qui la contiennent ? Les canons de fonte ne peuvent pas quelque fois resister à l'impetuosité de ce mobile, & les nerfs si delicats & si mols, resistent à un torrent qui n'est guere moins impetueux. Mais pour rendre plus visible le sujet de nôtre étonnement, qu'on découvre un nerf dans un animal vivant, qu'on le pique tant soit peu, ou qu'on l'irrite par un attouchement un peu rude, & l'on verra d'abord l'animal entrer en convulsion. Comment est-il possible que de tant de vapeurs ou d'humeurs acres, de tant de sels corrosifs, ou de tant d'esprits rongeans qui sont dans nôtre corps, nul ne donne la moindre atteinte à quelqu'un des nerfs ? D'où vient que la convulsion n'est pas presque aussi ordinaire à l'animal que le mouvement naturel même ? Si ces principes corrosifs ne se trouvent pas toûjours dans nôtre corps, d'où vient que pendant la gale, ou dans cet ulcere universel qu'on nomme ladrerie, où le sang est presque aussi corrosif que l'eau forte ; les nerfs continuellement irritez, ne sont pas dans une convulsion continuelle ? Les membranes, qui les couvrent, infiniment sensibles, ne devroient-elles pas sentir la pointe des sels acres, dont les humeurs sont chargées ? Peut-être que ces sels ne sont pas portez aux nerfs. Mais le torrent de la circulation qui les entraîne, ne les y mene-t'il pas ? Quel est le nerf qui n'a son artere & sa veine, canaux où roule le ruisseau du sang ? Et si cet objet qui se fait si vivement sentir aux autres membranes, est appliqué à l'organe du sentiment le plus vif, & le plus délicat, comment se peut-il faire qu'il ne luy cause des frissons & des tremoussemens ? Le moindre fêtu entrant dans l'œil, excite une douleur insuportable, & le nerf auquel l'œil & les autres parties doivent leur sentiment, ne sentiroit-il pas l'application d'un objet violent ? L'extreme sensibilité de l'enveloppe met donc le nerf dans un grand danger de convulsion, mais la mollesse de sa propre substance ne l'expose pas à un moindre peril. C'est une moële tres-aisée à diviser, c'est une pâte qui se fond à l'air. Développez un nerf de cette production de la dure & pie mere, dont la Nature l'environne pour le défendre des injures externes, il s'écoulera bien-tôt en eau. Quelle fermeté peut avoir une machine dont les parties sont liées par des cordes si fragiles, quoy-qu'elles soient sujettes à des mouvemens tres-violens. En un mot, les nerfs sont de la même pâte, ou pour mieux dire, de la même cire que le cerveau, qui est redevable de sa consistance, aux meninges, qui l'enveloppent. Ce n'est pas seulement une cire, c'est encore une cire arrosée & ramollie par quantité d'humiditez, qui le font nommer des Latins, *Pituitæ motropolis*, ou *Cerebrum quasi cereum*, & des Grecs, Κηρος βρυων, *Favus irriguus*, une cire fort détrempée. En effet, les Anatomistes sçavent que le cerveau nud ne peut pas demeurer long-temps à l'air sans se ramolir, jusqu'à n'être plus maniable, soit que l'humidité de l'air augmente la sienne, ou que les sels, qui luy donnent le peu de consistance qu'il a, se fondent à l'air, comme la plufpart des sels. Quoy-qu'il en soit, n'est-il pas merveilleux qu'une partie aussi tendre puisse resister si long-temps aux mouvemens violens, que les esprits y font, & à la pointe des sels acres toûjours préts à y faire quelque brêche ? Comment peut-elle tenir bon contre les explosions prodigieuses qu'y souffrent quelque fois les esprits chargez d'une quantité excessive de nitre & de soufre, principes de la poudre à canon, qui ne devroient faire guere moins de fracas dans les corps qui sont animez, que dans ceux qui ne le sont pas ? Une boule de cire sera-t'elle à l'épreuve d'une mine qui enleve les murailles d'une ville, ou une citadelle entiere ? Ce cerveau mol comme il est, ne devroit-il pas crever en mille endroits, pour donner issuë à un mobile si impetueux ? Il est vray que l'œconomie en est fort troublée, de là vient que les épileptiques dans la tête de qui ce desordre se passe, deviennent hebetez. Les routes des esprits s'y broüillant, ils ne peuvent plus faire leurs mouvemens accoûtumez pour les fonctions animales. Mais je suis surpris que ce desordre n'arrive plus souvent. Car sans parler de la facilité avec laquelle la cause de ces explosions se peut amasser dans l'animal qui respire continuellement le nitre avec l'air, & qui en prend avec l'eau, & même dans ses alimens solides, qui en sont pleins, aussi bien que de soufre, on a peine à comprendre comment les tempêtes continuelles, que les passions excitent dans les esprits, ne bouleversent tout l'ordre & l'arrengement du cerveau, dont les parties sont si molles. Des tuyaux de pâte ou de cire, tiendroient-ils bon contre le flux & reflux de l'Euripe? Or il est certain que les esprits de l'homme sont encore plus agitez que les ondes de ce détroit, & que les canaux dans lesquels ces flots roulent, n'ont pas plus de fermeté que la pâte ou la cire. Je ne m'étonne donc pas qu'un pere soit mort de joye en apprenant que son fils avoit remporté le prix aux jeux Olympiques. Ses esprits entrerent dans un si grand mouvement, qu'ils renverserent toute l'œconomie du cerveau, car j'aurois peine à croire que leur dissipation en fût la seule cause, & passant de leurs canaux dans ceux qui portent le sang, ils le firent tellement boüillonner & rarefier, que quelque vaisseau en creva dans la poitrine où étoit la plus grande ébullition. Mais je suis surpris que cet accident tragique ne suive toutes les violentes passions. Quand la colere met le feu aux soufres de la bile, & fait extraordinairement boüillir le sang dans le foye, dans le cœur, dans le poumon, & dans le reste du corps, d'où vient que les arteres

& les veines déliées comme des cheveux, ou celles que leur petitesse dérobe à la vûë, sont à l'épreuve d'une si violente ébullition? Des bouteilles, ou des tuyaux faits avec la toile d'araignée, soûtiendroient-ils l'effort du vin ou de la biere, qui sont dans leur plus haut degré de fermentation? Mais les humeurs ne sont pas le sujet des plus grands mouvemens que cette passion excite, & leurs vaisseaux ont encore quelque fermeté, en comparaison de ceux où les esprits soufflent, les esprits, dis je, qui dans le grand feu de la passion, souffrent des agitations, qui passent l'imagination la plus hardie. Et si l'on joignoit à cette inconcevable impetuosité la foiblesse inexprimable des canaux dans lesquels ils courent, on seroit dans une crainte continuelle de la mort, & l'on avoüeroit que nôtre vie est un tres-grand miracle.

La cavité imperceptible de ces tuyaux, qui ne sçauroient être bouchez sans danger, augmente nôtre frayeur. La moindre goute d'eau coulant dans le nerf du cœur, est capable d'éteindre le feu de nôtre vie, en empêchant que la flamme subtile de l'esprit ne l'aille entretenir dans le cœur. Un atome fermant ce passage étroit, détraque

& arrête tous les ressorts de la machine vivante, & la fait tomber à terre sans vie & sans mouvement. Ce nerf est le fil auquel tiennent toutes nos esperances temporelles, *Omnia sunt hominum tenui pendentia filo*; c'est celuy que l'inexorable Atropos, ou la mort romp à la fin de nos jours. Mais on peut perir sans sa rupture, il suffit que sa cavité soit bouchée par quelque partie grossiere, il ne faut qu'un grain de sable, ou la moindre humidité. Et cependant à l'origine de ce nerf, il y a toûjours dix fois plus d'eau qu'il n'en faudroit, pour causer cette obstruction, puisque le ventricule du cervelet, d'où il sort est presque toûjours plein de serositez. Par quelle merveille est-ce que cette eau déliée ne penetre & ne descend pas dans le nerf du cœur, duquel elle est si prés, qu'on peut dire sans hyperbole, qu'entre la vie & la mort il n'y a pas plus de deux ou trois lignes de distance? Ce danger est d'autant plus à craindre, qu'il est toûjours present, & peut ôter la vie en un instant, mais il n'est pas le plus ordinaire de ceux qu'on court du côté du cerveau.

Les meninges qui sont destinées à sa conservation, sont souvent cause de sa perte. La moindre irritation de la pie mere jette l'animal en convulsion, & la plus legere blessure luy donne la mort. Qui ne fremiroit à la vûë d'une toile si fine, dont la moindre solution est mortelle ? La gaze la plus déliée est fort grossiere en comparaison de ce tissu delicat. Et cependant il faut qu'elle soit à l'épreuve de plusieurs sels acres que leur volatilité éleve vers la téte. Le cerveau qu'elle enveloppe & serre étroitement, est tout plein d'un esprit ammoniac extremement piquant. Les vaisseaux qu'elle introduit dans ce viscere, sont si fragiles par leur extreme petitesse, qu'on s'étonne qu'ils puissent durer un instant, exposez à l'impetuosité du sang fougueux, qui monte vers la téte, & à la pointe des sels volatiles qu'il y porte. Les glandes insensibles dont elle est chargée, sont si delicates & si foibles, qu'elles se fondent dés qu'elles ont demeuré quelque temps à l'air. Quel danger ne courent-elles donc pas d'être dissoutes par les sels de la serosité qui s'y coule ? Et cependant la vie de l'animal dépend de la conservation de ces parties, qui sont la fragilité même. La moindre de ses arteres ou veines, ne sçauroit crever ou s'ouvrir sans causer un épanchement funeste ; & si le crible de ces glandes imperceptibles est détruit,

détruit; le cerveau est incontinent inondé d'un déluge, qui éteint l'esprit animal ou la flamme de la vie.

La dure mere est à la verité moins fragile, mais elle ne laisse pas de l'être beaucoup. Un nombre infini de petites veines, d'arteres & de vaisseaux lymphatiques, que leur foiblesse expose au danger d'être rompus à tous momens, autant de glandes insensibles, dont elle est chargée, prêtes à se déchirer par le premier sel acre, ou à se boucher par les parties grossieres que la circulation y mene, la rendent extremement sujette à des inondations mortelles. Une goute de sang tombant d'un de ces vaisseaux rompus dans la substance du cerveau, suffit pour y former un abscez incurable. On ne sçauroit voir sans étonnement la multitude & la fragilité de ces vaisseaux, dont elle est arrosée. A la vûe de ce merveilleux spectacle, on ne peut s'empêcher de dire en soy-même, comment est-ce que des tuyaux si foibles peuvent resister un jour au rapide torrent qui y passe, ou comment est ce que des canaux si petits ne se ferment pas à tous momens par les parties grossieres du sang? Mais la sensibilité presque infinie de cette membrane, fait encore beaucoup de peine à ceux qui confiderent que le fang & le cerveau, font remplis de fels capables de l'irriter à toute heure. L'attouchement le moins rude, luy donne un tremouffement qui fe repand par tout le corps; pour fi peu que le trepan y touche, quand on en fait l'operation, la perfonne qui la fouffre entre d'abord en convulfion. Et les fels de nôtre fang, qui font comme autant de lancettes fort fines, ou des rafoirs bien affilez, ne devroient-ils pas incifer, ou du moins piquoter fouvent ces membranes, & leur caufer des mouvemens convulfifs?

Toutes les autres membranes, qui paffent pour les filles, ou les productions de celles qui pour cette raifon portent le nom de meres, ont toutes une fragilité, qui nous fairoit douter de leur longue durée, fi l'experience ne nous en convainquoit. Ce font des toiles extremement fines, tiffuës d'un fil infiniment délié, qu'on appelle des fibres, & qui font d'autant plus aifées à rompre, qu'elles font crûfes, car un corps folide eft toûjours plus ferme que celuy qui a une cavité. Toutes ces fibres font autant de petits tuyaux, où les efprits deftinez au fentiment font contenus. Le fil de l'aragnée n'est pas plus facile à rompre que celuy dont ces toiles animées sont faites. Quelle frayeur ne doit-on donc pas avoir quand on fait reflexion que nôtre vie pend à ce filet, puisque le poumon, dont la moindre brêche est irreparable, & dont l'usage est absolument necessaire à la vie, en est tout composé? Que sont en effet toutes ces membranes déliées, dont ses cellules sont formées, que des toiles d'araignée, ou quelque chose de plus fragile encore? Les cheveux les plus fins sont, pour ainsi dire, des cordes en comparaison du fil dont elles sont tissuës; & ceux qu'on voit aux champs tendus d'une plante à l'autre dans les grandes ardeurs de l'Esté, sont encore moins déliez. Les arteres, les veines & les vaisseaux lymphatiques, qui les arrosent, & les filets des nerfs, qui les animent, sont d'une petitesse & d'une delicatesse proportionnée. Aprés cette consideration, qui est-ce qui comprend comment les boüillons du sang, qui s'élance impetueusement du cœur dans le poumon, ne fait pas incontinent crever ces vaisseaux capillaires, ou comment ces corps grossiers, que les humeurs entraînent avec elles, ne leur causent des obstructions con-

T ij

tinuelles ? Pour si peu qu'une de ces toiles soit déchirée, elle ne se peut plus recoudre, non parce que c'est une partie spermatique, dont la solution ne se consolide jamais, s'il en faut croire l'Ecole, mais parce que le mouvement continuel de ce viscere en empêche la réünion. L'ulcere du poumon ne se guerit jamais, mais on le porte long-temps sans mourir, au lieu que la moindre inflammation, ou la simple disposition à l'ulcere dans le cœur son voisin, est suivie incontinent d'une mort subite.

Cette forteresse de la vie ne peut pas souffrir les moindres approches de la mort. La plus legere atteinte est fatale, c'est le, *Noli me tangere*, du corps humain, c'est l'endroit fragile de la larme de verre, que le moindre coup donné là dessus reduit en poussiere, pendant qu'elle soûtient par tout ailleurs les plus grands coups de marteau, sans se casser. Le moindre grumeau de sang, ou quelque autre corps étranger bouchant les orifices, empêche que l'huile vitale ne soit versée dans cette lampe animée pour entretenir le feu de la vie, qui s'éteint d'abord par cette suppression. La plus legere piqueure qu'un sel acre donne au nerf du cœur, luy cause la convulsion,

& arrête le premier mobile du petit monde, ou ce ressort principal qui fait aller tous les autres. En sorte que la vie cesse incontinent avec la circulation, qui en est la cause immediate. Mais il n'est pas necessaire que le nerf du cœur soit immediatement irrité, pour causer ce mortel symptome, il suffit que quelqu'un de ceux avec qui il a quelque communication, le soit. Or il en a avec tous ceux de la poitrine & du bas ventre, ou parce qu'il part d'un même tronc qu'eux, ou parce que les lassis qu'ils forment dans l'une ou dans l'autre de ces cavitez, envoyent quelque rameau de communication à celuy qu'il fait à la baze du cœur, qui pour cette raison a part à tous les desordres qui se passent dans les trois regions du petit monde. La convulsion de la matrice, du mezentere, de l'estomach & des autres parties du ventre, passe bientôt à ce Roy des visceres. Les parties de la poitrine, le diaphragme, le mediastin, le poumon & la pleure même en étant plus prés, luy communiquent aussi plûtôt leurs mouvemens convulsifs. Le cerveau, qui est la source de son nerf, & de la matiere subtile qui fait agir son ressort, luy fait aussi part de ses incommoditez. Enfin, c'est la clef de la voute, ou la maîtresse pierre; à laquelle répondent tous les coups de belier, qu'on donne au bâtiment du corps animé. Mais comme le grand monde est condamné à perir par feu, aussi le petit court plus de risque de perir par l'inflammation, à laquelle il a une disposition naturelle, que par les secousses de la convulsion. Une goute de sang repandu dans la substance du cœur, par l'anastomose, l'érosion ou la rupture de quelque vaisseau, allume une inflammation, à laquelle il n'y a point de remede. Ce feu consume si promptement la maison de nôtre ame, qu'on n'a pas le temps d'y porter de l'eau. Et puisque le cœur est le volcan, ou le grand foyer du petit monde, d'où vient qu'il est si long-temps exempt d'inflammation? Ces deux ou trois goutes d'eau qu'on trouve dans le pericarde, sont elles capables d'empêcher cet embrasement, auquel la matiere n'est que trop disposée? Ces arteres capillaires qui reçoivent le sang tout boüillant des ventricules du cœur comme de deux crûsets ardens, sont elles bien à l'épreuve de son impetuosité? Il ne faut que la pointe d'un sel acre pour percer ce vaisseau, qui contient le vray Nectar, ou le trefor de la vie, ou qu'un autre degré de boüillonnement ou de rarefaction dans le fang, pour le faire crever. Il n'y a donc qu'un petit degré entre la vie & la mort, & un atome pointu eft capable de reduire nôtre corps en poudre.

Le cœur eft la lampe vitale fufpenduë dans la poitrine, qui eft le lieu tres-faint du temple de nos corps, comme ce facré luminaire qu'on pend à la voute des Eglifes. Il n'eft pas moins fragile que ces vafes de verre deftinez à l'illumination de ces lieux facrez. Mais la fragilité du lien qui le tient fufpendu, augmente de beaucoup la fienne. Un verre fufpendu à une toile d'araignée, en eft le veritable embleme; il pourroit difputer la fragilité au fymbole de la fragilité même, & le mediaftin auquel les Anatomiftes n'ont encore donné d'autre ufage, que de tenir le cœur fufpendu, ne reffemble pas mal par fa fineffe, & par fa delicateffe à la toile d'araignée. Q'on juge après cela de la fermeté d'une vie qui ne tient qu'à un lien fi fragile. Il ne fert de rien de dire que le cœur a bien d'autres ligamens qui le tiennent ferme, puis qu'il eft certain que la moindre brêche faite au mediaftin, eft funefte au Roy des vifceres.

La plus petite inflammation met le feu dans tout le petit monde, & consume bien-tôt l'huile de laquelle la flamme vitale depend. La facilité qu'il a à être déchiré, luy est commune avec la pluspart des membranes, mais il a cecy de particulier, qu'il ne sçauroit être piqué sans que le cœur en soit mortellement frappé. Et quelle merveille n'est-ce pas, que de tant de sels piquans que la circulation des humeurs porte dans toutes les parties du corps, il n'y en ait pas un qui morde à cette membrane, quoy-qu'ils y passent plusieurs milions de fois pendant le cours d'une longue vie ? Qui peut comprendre comment ses vaisseaux, dont la foiblesse doit être encore plus grande que celle de la membrane qui les porte, sont un moment à l'épreuve de la moindre violence que la rapidité des esprits, ou l'impetuosité des humeurs, leur font dans une grande passion, ou dans une ardente fievre.

Le cœur est entre l'enclume & le marteau, il ne souffre pas seulement des parties qui sont au dessus de luy, mais encore de celles qu'il a au dessous ; s'il prend part aux maux du mediastin, il ne participe pas moins à ceux du diaphragme plus par la communi-

communication des nerfs que par le voisinage. Un morceau mal maché donnant la convulsion à ce viscere, est capable d'arrêter avec le mouvement du cœur, celuy de toutes les autres parties qui en sont animeés. Quand on voit le foye attaché à cette cloison moyenne, comme un grand poids qui l'entraîne en bas, on a peine à concevoir comment elle peut faire ses mouvemens absolument necessaires à la vie.

En descendant de la poitrine au bas ventre, on trouve à chaque pas de nouvelles causes de fragilité, on n'y rencontre point de partie par laquelle la mort ne puisse entrer chez nous. Et pour commencer par le viscere qui se presente à l'entrée, il ne faut qu'une vapeur ou une humeur acre, qui piquote l'orifice superieur de l'estomach, pour causer au cœur une pamoison mortelle. On a sujet d'étre surpris de ce que cet accident funeste n'arrive plus souvent, puisque la bile, qui n'est guere moins acre qu'une eau forte, regorge si facilement dans le fonds de ce viscere, d'où la volatilité l'enleve aisément vers l'entrée, qu'un grand nombre de nerfs rend infiniment sensible.

Si l'on jette les yeux sur ces deux visceres, qui sont scituez à côté de l'estomach, on y verra de nouvelles preuves de fragilité. Qu'est, je vous prie, le foye qu'un assemblage de petites glandes, qui se fondroient à l'air ? Ne diroit-on pas que c'est un caillau de sang ? S'il n'en a pas la nature, il en a du moins la foiblesse & la fragilité. Oüy, le sang ou le lait caillez ne resisteroient guere moins à leur division que luy. Et cependant les sels acres de la bile qui s'y filtre, sont comme autant de lancettes, qui devroient le découper à tout moment. Ils sont affilez comme des rasoirs, & poussez contre cette partie tendre par le torrent de la circulation, ou par le mouvement de la fermentation. Ces glandes delicates, qui sont les couloirs de la bile, sont liées entre-elles par des filets encore plus déliez que les plus fins cheveux. Le moindre coup de ces lancettes, ne suffit-il pas pour couper ces foibles liens ? Et comment est-ce que ces petites éponges par où se filtrent les soufres coulans, ou les huiles de nôtre sang, peuvent demeurer si long-temps unies, leur union tenant à moins qu'à un fil d'araignée ? Et la toile de cet insecte est beaucoup moins fine que celle dont chacune de ces glandes est couverte. Par quel artifice divin, ou par quelle force inconcevable la fragilité même peut-elle resister à la violence des causes qui l'attaquent ? Enfin, la foiblesse des vaisseaux dont ce viscere est parsemé, ne doit pas faire moins de peur à ceux qui aiment fort la vie. La plufpart sont proportionnez à l'extréme petitesse de ces glandes aufquelles ils s'inserent, ou desquelles ils tirent quelque liqueur. Les veines & les arteres y pourroient être rompuës à la moindre violence que le sang boüillant leur fit, & les humeurs sont fort sujettes à fermenter dans ce viscere, dont la chaleur bilieuse aide beaucoup l'ébullition. Les vaisseaux biliaires qui partent immediatement des glandes, ne devant recevoir qu'une petite partie de la liqueur que les vaisseaux du sang y portent, sont aussi plus menus & plus fragiles à proportion. Ceux qui portent la bile la plus déliée à la vescie du fiel, sont presque invisibles sans microscope. Et cependant le suc qui coule dans leur cavité s'enflamme, se rarefie & se meut avec une violence qui menace ces foibles canaux d'une rupture presque infaillible ; & ses sels sont si acres, qu'ils pourroient percer à tous momens leurs tuniques, si la sagesse

V ij

infinie du divin Ouvrier, qui veille à la conservation de la machine animée, n'émoussoit ou n'embourroit, pour ainsi dire, la pointe de ces couteaux insensibles. Le Vesuve ou le mont Egla, sont beaucoup moins sujets aux incendies que ce volcan du petit monde; & il n'est pas plus aisé de mettre le feu à une mine de soufre qu'à ce viscere, d'où coulent continuellement des ruisseaux d'une huile extrémement inflammable. Celle-cy rend bien le sang plus coulant pour l'aider à parcourir le labyrinte que ses vaisseaux y forment; mais avec tout ce secours, on a bien de la peine à comprendre comment une liqueur grasse comme le sang, se peut tirer de tous ces détours. Le fameux fleuve Meandre, que les Poëtes ont fait tant serpenter, va droit en comparaison de ce ruisseau qui arrose le foye. Or tout mobile qui se détourne, souvent affoiblit son mouvement, qu'il partage avec le corps qui l'empêche de décrire une ligne droite. Il est vray que le vehicule de la bile, est d'un grand secours à ce torrent qui doit serpenter par tant de détours. Mais ce principe de fluidité se coagule souvent luy-même, l'acide prédominant sur son alkali. On a trouvé dans le foye des pierres dont la couleur jaune marquoit que leur matiere n'étoit qu'une bile petrifiée ; & l'épaisseur bourbeuse & souvent grumelée de cette bile grossiere qui passe par les grands tuyaux biliaires, est tres-propre à faire des obstructions dans les veines de cette mine sulphurée. Enfin, les insectes qu'on y trouve souvent, montrent assez qu'elle y doit croupir assez long-temps pour les produire par sa corruption. Et ces animaux ne se trouvent pas seulement dans le foye de ceux à qui une longue langueur a causé la mort, mais encore dans ces bêtes que les Bouchers tuent dans une santé parfaite en apparence. J'ay veu dans le foye d'un bœuf, qui étoit tout rond de graisse, un grand nombre de petits animaux qui avoient la figure & la structure interne de la Sole. Ces observations prouvent que la bile, à qui les autres humeurs doivent une partie de leur fluidité, n'en a pas assez ellemême en plusieurs occasions. Dans quel danger n'est donc pas le sang de s'arrêter à chaque pas dans ce Dœdale embarrassant que les vaisseaux forment dans le crible du fiel ? On peut dire sans hyperbole, que celuy de Candie, où Theseé tua le Minotaure, n'étoit rien en comparaison.

Mais le sang doit avoir encore bien plus de peine à parcourir les détours du labyrinte qu'il trouve dans la rate. Car outre qu'il est pour le moins autant embroüillé que celuy du foye, le sang qui doit y couler, est privé du secours de la bile, & épaissi par l'acide fixe & coagulant, que la Nature a mis dans ce viscere pour donner de la consistance aux humeurs qui y passent. Il est vray que cette partie & le foye, ne sont guere sans quelque obstruction. Mais pourquoy n'y en a-t'il pas d'avantage, ou plus souvent ? A quoy tient-il donc que la circulation ne s'arrête dans ces parties, & ne mette fin à la vie de l'animal ? Il ne tient qu'à un petit degré d'acide plus ou moins fort. Que la durée de nôtre vie est incertaine, puis-qu'elle depend d'un point indivisible ! Pour si peu qu'on s'en écarte, on sort de la santé & de la vie même, pour tomber dans les abîmes de la maladie & de la mort ! Que le chemin qui mene à la vie temporelle est étroit, aussi bien que celuy qui conduit à la vie éternelle ! Quelle merveille que l'homme aveugle puisse le tenir si long-temps ! Si les alimens qu'il met dans son corps conservent ce bon état duquel la santé depend, c'est plûtôt un effet de son bonheur, que de sa connoissance. Il execute les ordres de la Nature, & obeït à ses loix sans les connoître, avec plus de justesse que s'il en avoit une intelligence parfaite. La Sagesse Divine, qui prend soin de nôtre conservation, est le guide infaillible qui conduit cet aveugle. Mais quand la Justice de Dieu a resolu nôtre perte, il n'a qu'à nous abandonner à nôtre fragilité, nôtre corps retombe de luy même dans la poudre, d'où il a été tiré. De là vient que le Saint Esprit prononçant l'Arrest de nôtre mort, ne dit pas, Je te remettray en poudre, mais il dit, *Tu és poudre, & tu retourneras en poudre.* On ne t'y poussera pas, tu y retomberas de toy-même. Ton corps est un verre qu'une main invisible soûtient en l'air, & qui tombera à terre dés que cette force secrette ne luy servira plus d'appuy. Qui conçoit, je vous prie, comment les membranes déliées de la rate, tiennent bon un jour contre l'impetuosité du sang qui y passe, contre la violence des fermentations ou des vents qui la gonflent souvent comme un balon, ou contre l'acreté des sels qui la découpent quelquefois, & la font écouler en une liqueur noire comme de l'ancre. Monsieur Monginot n'eut pas plûtôt touché du bout des doigts celle de feu Monsieur Hervart, qu'elle se repandit en un suc noirâtre comme celuy que la Seche jette dés qu'on la touche. Les toiles dont ses chambretes sont composées, sont d'une finesse qui est au dessus de toute expression. Les cellules que les abeilles forment dans leurs ruches, sont pour ainsi dire, des forteresses en comparaison de celles de la rate. C'est un poumon beaucoup plus fragile encore que celuy qui sert à la respiration. Si ce n'est pas le siege de l'ame, comme Helmon l'avoit pretendu, on peut pourtant dire en quelque façon, que la vie loge en ces tentes fragiles, puis-qu'elle depend de la conservation de ces toiles d'araignée dont elles sont formées. La moindre bréche qui s'y fasse, est une ouverture par laquelle l'ame s'envole, & laisse crouler cette maison de terre, dans laquelle elle loge pendant le sejour qu'elle fait dans ce monde. La mort trouve une infinité de portes pour entrer dans le corps de l'animal, & il n'est point de partie qui ne donne une issuë à l'ame pour en sortir. Jodelet avoit raison de ne vouloir pas se battre en duel, il sçavoit que la moindre blessure étoit une porte qu'on ouvroit à l'esprit vital, qui

comme

comme le mercure cherche toûjours quelque issuë, *Et quà data porta ruit*. L'on ne peut assez s'étonner que les sels rongeans, qui sont dans le sang, ne luy en fassent à toute heure dans les foibles membranes de la rate.

La corrosion de l'acide exalté dans le suc pancreatique perçant quelque vaisseau, ou causant un ulcere dans le pancreas, fait encore un mal sans remede. Cette glande conglomerée, est si delicate & si tendre, que le moindre sel acre est capable de la déchirer, & de perdre l'animal sans ressource, & quelques-unes de ses veines & de ses arteres, & sur tout les rameaux du canal de Vvirsongus sont si faciles à rompre, qu'on ne comprend pas comment des vaisseaux si petits, peuvent se défendre contre l'ébullition ou l'acrimonie des humeurs qu'ils portent. On les trouve souvent bouchez par la coagulation que l'acide excessif y fait, mais pourquoy ne le sont-ils pas presque toûjours ? Le moindre grumeau n'est-il pas capable de fermer des tuyaux si petits ? Et cependant la suppression de ce suc, qui cause une nouvelle fermentation au chyle descendu de l'estomach, & une precipitation de ses impuretez, est de la derniere importance pour la vie & pour la santé. La crême des alimens demeurant impure & grossiere par le mélange des excremens qui ne peuvent s'en separer, ne sçauroit se filtrer à travers les glandes & les tuniques des boyaux pour passer dans les veines lactées, & de là dans la masse du sang, qui s'en renouvelle pour la nourriture de l'animal. Si ses parties indigestes peuvent entrer dans le filtre des glandes intestinales, ce n'est que pour y demeurer, & pour boucher ces routes imperceptibles, par où ce lait doit se couler. Et le chyle qui se presente ensuite trouvant le passage fermé dans ces filtres, ou dans les veines lactées, est obligé de se precipiter en bas. Cette maladie se nomme flux cœliaque. Il semble qu'elle devroit n'être pas si rare, puisque la cause en est si ordinaire. Si le levain de l'estomach, ou la lymphe du pancreas ont un degré trop ou trop peu d'acidité, le chyle qui se forme par la fusion des alimens, sera cru ou coagulé. Les filtres tres-fins par lesquels il doit passer, ou les veines capillaires, qui doivent le porter au reservoir de Pequet, ne sçauroient le recevoir. Les glandes dont toute la surface des intestins est parsemée, sont si menuës, qu'on ne les voit guere bien fans microfcope, de quelle finesse doivent donc être les trous de ces cribles presque imperceptibles ? Et par quelle merveille demeurent-ils si long-temps ouverts, pouvant être bouchez par si peu de chose ? Les veines lactées qui reçoivent le chyle passé dans ces filtres, ne sont visibles que quand elles sont pleines, & l'on ne peut les montrer qu'en ouvrant l'animal deux heures après le repas. Qu'on juge donc de la petitesse de ces canaux par leur invisibilité. Comment est-ce que le chyle, si sujet aux coagulations par sa nature, qui ne differe que peu de celle du lait, & par l'acide qu'il prend dans l'estomach & dans les boyaux, ou si souvent chargé de cruditez ou de parties grossieres, n'y fait d'obstructions continuelles ? Les alimens grossiers, ou de dure digestion, ne devroient-ils pas fournir un suc bourbeux, ou comme un limon, fermant ces tuyaux, qui le doivent conduire au grand canal, où tous se vont décharger ? Qui est-ce qui a le soin de les déboucher, & de les tenir nets & libres ? Et quand les obstructions ont formé une digue qui arrête le torrent, celuy-cy s'enflant par cet obstacle, ne devroit-il pas faire crever le vaisseau par la tension excessive qu'il luy cause? Les tuyaux de plomb crevent dés que quelque embarras arrête le cours de la liqueur qui y coule. Les autres vaisseaux du mezentere, qui portent ou rapportent le sang, ne sont pas à la verité si petits que les veines lactées, mais ils le sont assez pour être dans un danger continuel de rupture. Et le torrent qui y passe ayant plus de rapidité, devroit s'enfler davantage à la rencontre d'une obstruction, & mettre le tuyau en plus grand danger d'étre rompu. Cependant la moindre brêche de ces vaisseaux est irreparable. Le sang qui s'en repand se change en un pus, qui devenant fort acre par un long sejour, ronge tôt ou tard les entrailles à l'animal. A quoy tient-il donc que les foibles tuniques de ces veines, ou de ces arteres capillaires, ne se rompent par l'ébullition & par la rarefaction du sang qu'elles contiennent, ou ne se déchirent par les fins rasoirs des sels acres, que la circulation y pousse? La foiblesse même peut-elle resister à tant de forces ennemies? Si la rarefaction de ce sang poussoit encore un degré, le vaisseau qui le porte, ne pouvant plus ceder, seroit obligé de crever, & de verser dans la cavité du ventre la matiere d'un abſcez mortel. Ce doigt inviſible qui a écrit ſur le rivage de la mer, *Ne plus ultra*, & qui a marqué le degré d'élevation où ſes ondes peuvent monter, preſcrit auſſi à la mer du petit monde des bornes, au delà deſquelles elle ne paſſe pas ordinairement. Mais il eſt toûjours vray que pour ſi peu qu'elle avançât davantage, elle fairoit une inondation funeſte à l'animal. Sa vie ne tient qu'à un degré d'ébullition & de rarefaction du ſang, ou à un degré de tenſion dans le vaiſſeau. Et ſi les ſels tranchans, qui ſont pouſſez contre les tuniques de celuy-cy, avoient un degré de mouvement ou d'acreté plus qu'ils n'ont, ils le perceroient infailliblement, & cauſeroient un déluge dans le bas ventre. Enfin, s'ils preſentoient leur pointe plûtôt qu'un autre endroit, ils ne manqueroient pas d'y faire des inciſions incurables, la delicateſſe de ſes membranes n'étant pas à l'épreuve de la moindre atteinte.

La rupture de ces vaiſſeaux mezenteriques, eſt encore moins dangereuſe que celle qui peut arriver avec la même facilité dans ces petites ramifications qui partent immediatement de l'aorte ou de la veine cave. Comme ces canaux ſont fort prés de ces grandes sources, ils verseroient en peu de temps une grande quantité de sang, qu'on ne sçauroit arrêter par aucun moyen. Or quand on voit la petitesse & la fragilité de ces tuyaux, on est tout étonné que la vie, qui depend de leur conservation, puisse durer si long-temps, & que nôtre force soit fondée sur la foiblesse même. Comment peuvent-ils tenir bon contre les violentes fermentations d'une fievre ardente, ou contre l'acreté des sels, qui font la fievre maligne? Et leur rupture est infailliblement suivie de la mort, parce qu'on ne peut arrêter le torrent de sang qui sort par cette bréche. On sçait avec quelle impetuosité les eaux se repandent du plus petit tuyau rompu, qui puise de prés dans un grand canal; & si l'on ne ferme bien tôt cette ouverture; elle versera bien-tôt toute la liqueur du grand tuyau, & du reservoir même. Ce danger est à la verité commun à tout le corps, qui n'a point de partie où l'on ne trouve des vaisseaux également fragiles, mais il est sans comparaison plus pressent & plus grand dans les parties internes, où l'on ne peut pas lier les tuyaux rompus, d'où le sang coule à gros boüillons avant qu'on s'en soit apperçû, que dans les externes, où la ligature du vaiſſeau ouvert eſt un remede infaillible. Le ſage Auteur de nôtre corps a voulu faire connoître que ſa durée dépendoit de luy d'une maniere toute particuliere, en ne le compoſant que de reſſorts extrememeint foibles, qui ne ſe ſoûtiennent que par un artifice merveilleux, où l'impreſſion du doigt divin eſt toute viſible. Quelle foibleſſe n'a-t'il pas miſe dans ſes vaiſſeaux, quelle molleſſe dans ſes glandes & dans ſes moëles, quelle fineſſe dans ſes membranes, quelle petiteſſe dans la plûpart des reſſorts qui joüent dans cette machine; enfin, quelle fragilité dans toutes les parties qui la compoſent ? On diroit qu'il a pris plaiſir à raſſembler dans ce compoſé, ce que la Nature a de plus fragile, pour faire voir qu'il eſt capable de donner de la ſolidité à la fragilité même, & de la force à la foibleſſe. Car aprés avoir formé cette machine extrememeint fragile, il luy fait faire de grands mouvemens, à l'épreuve deſquels on ne la croiroit jamais, ſi l'experience ne ſurmontoit nôtre incredulité. Il l'expoſe à la violence d'une infinité d'agens dont elle ne ſçauroit ſoûtenir le choc, s'il ne faiſoit un miracle continuel de ſa conſervation. Si Dieu bâtiſſoit la machine vivante d'une matiere fort solide, ses mouvemens vigoureux & sa longue durée, donneroient moins d'admiration. Personne ne s'étonne que des ressorts de fer ou de fonte soient à l'épreuve de grands & de longs mouvemens, & leur durée étant proportionnée à leur solidité, n'a pas dequoy nous surprendre. Mais une machine de boüe ou de pâte, qui resiste long-temps à des mouvemens grands & continuels, rend sans doute son Auteur infiniment admirable. Dieu fait comme un Architecte qui, pour faire admirer son adresse, mettroit en mer un bâtiment de papier ou de carton, & qui trouveroit le moyen de le garentir & de le conserver dans une longue navigation malgré les flots, les vents contraires & les tempêtes les plus violentes. Ceux qui ont rendu le verre malleable, ont trouvé le secret de rendre solide la fragilité même; c'est ce que Dieu fait en munissant nôtre corps contre les violences, qui le menacent d'une ruine certaine en apparence. Mais cet ouvrier qui donne au verre la force de souffrir le marteau, luy ôte sa fragilité, au lieu que l'admirable Auteur de nôtre corps, le fait resister aux causes qui pourroient à tout moment le détruire, en luy laissant pourtant

tant sa fragilité. Dieu s'attire encore nôtre admiration par la petitesse & la delicatesse inexprimable des ressorts dont il a composé nôtre machine. Les ouvrages en mignature, sont plus estimez que ceux qui ont un plus grand volume. Ils supposent beaucoup plus d'adresse dans l'artiste, & plus de finesse dans sa matiere & dans ses instrumens. La Nature aime aussi les ouvrages en petit. Quand on a poursuivy l'analyse de nôtre corps jusqu'à ce point, au delà duquel l'adresse humaine ne sçauroit passer, on ne peut assez admirer la delicatesse des parties, qui entrent dans sa composition organique. Mais que seroit-ce si nôtre main & la finesse des instrumens, pouvoient suivre la Nature jusqu'à la derniere division des organes imperceptibles, & seconder la passion que nous aurions de pousser jusques là nos découvertes ? Et qui sçait si nous faisons la moitié du chemin, & si ce que nous en connoissons est plus d'une goute de cet ocean de choses que Dieu cache à nôtre connoissance ? On ne voit que la superficie & les bords de la Nature, l'esprit humain n'a pas assez de penetration pour entrer dans le fonds des choses, il ne fait que les effleurer. Les organes sensibles que la vûë découvre dans le corps animé, en cachent une infinité d'insensibles. Les instrumens les plus déliez, la plus grande adresse à les manier, en un mot l'anatomie la plus delicate, demeurent infiniment au dessous de la derniere division. Chaque organe visible, pour si petit qu'il soit, est pour ainsi dire, gros de plusieurs autres organes sans comparaison plus petits. Avec les lunettes on découvre, ce qu'on ne voyoit pas avec les yeux seuls, le microscope commun fait voir bien des choses qu'on n'apperçoit pas avec les lunettes, & le microscope, qui se distingue des communs, découvre, par maniere de dire, un nouveau monde. La connoissance de nos sens s'étend à proportion que leurs aides se perfectionnent ; & le monde sensible n'a pas de bornes, non plus que l'intelligible. Le meilleur de tous les microscopes, est un esprit penetrant qui passe par ses conjectures justes beaucoup au delà de ces découvertes sensibles. Aprés que le microscope nous eut apris, qu'il y avoit dans le monde des petits animaux, que leur petitesse déroboit auparavant à nos sens ; sçavoir des cirons, des mites, & d'autres insectes dont toutes les liqueurs fourmillent, l'esprit a fait voir encore dans ces sujets un grand nombre d'autres objets sans comparaison plus petits, puis-qu'ils n'en sont que la milieme partie, en démontrant par le raisonnement, que ces animaux doivent avoir un cerveau, un cœur, un foye, un estomach, des boyaux, en un mot, tous les organes des fonctions animales, vitales & naturelles, & ce nombre presque infini de parties dont chaque organe est encore composé. L'Auteur de la Nature fait mieux admirer son adresse dans la structure de cet animal presque invisible, que dans celle de l'Elephant. Cet Artisan qui fit un chariot si petit, qu'une mouche le couvroit de ses aîles, étoit sans doute plus adroit que les Charrons ordinaires, & cet ouvrier, qui sur un globe de demi pouce de diametre décriroit distinctement toutes les parties du monde, seroit sans comparaison plus admiré que ceux qui font la même description dans un espace beaucoup plus étendu, ou dans un globe de la grandeur ordinaire. Enfin, ce Mechaniste, qui a sceu renfermer dans une petite sphere tous les corps & les mouvemens du Ciel & de la Terre, a surpris extremément ceux qui presumoient le plus de son Art. Celuy qui donne l'adresse à ces grands ouvriers, a voulu signaler la sienne en faisant plusieurs abregez, dont la petitesse & l'artifice sont autant au dessus de la delicatesse qui paroît dans les racourcis humains, que Dieu l'est au dessus de l'homme. Et comme la fragilité est ordinairement proportionnée à la petitesse des corps, quelle doit être la foiblesse de ces organes, qui ne sont visibles que par les plus excellens microscopes, ou de ceux qui échapent encore au meilleur de ces instrumens ?

Quand on considere la delicatesse des glandes qui composent la partie exterieure & superieure du rein, la petitesse des tuyaux que Bils a fait remarquer le premier dans la substance interne de ce viscere, & la fragilité de plusieurs vaisseaux capillaires dont il est arrosé, l'on ne peut nier qu'une vie qui depend de la conservation de parties si foibles, ne soit la chose du monde la plus incertaine, & la plus fragile. Le moindre sel acre ne suffit il pas pour déchirer ces glandes ? L'union de ces sels dont l'urine est chargée, devroit incontinent boucher ces petits canaux, qui la reçoivent du filtre glanduleux : & si les détours presque infinis que les vaisseaux y font rendant la circulation extremément difficile, y peuvent causer quantité d'obstructions, la foiblesse de leurs tuniques les expose au danger d'être rompus à tous momens. La corrosion des glandes fairoit un ulcere tres-difficile à guerir, l'embarras des tuyaux par où la serosité distille, causeroit un reflux de cet eau, qui formeroit d'abord une hydropisie, & la rupture de la moindre artere ou veine, allumeroit une inflammation, qui ne s'éteint guere qu'avec la vie. Et par quelle merveille est-ce que ces maladies ne se forment pas tous les jours dans nos reins, qui y ont un penchant si naturel? Comment est-ce que les sels acres de l'urine ne rongent pas tous les jours des glandes si tendres & si delicates? J'ay veu à Paris un homme qui les rendoit en urinant, aprés que les sels qui faisoient office de rasoirs les avoient détachées des reins. Qui comprendroit que des canaux aussi petits que ceux de Bils, pûssent demeurer si long-temps libres, une liqueur saline & grossiere comme l'urine, y coulant continuellement. Une éponge, qui boit d'eaux impures, se charge de leurs impuretez, & les ruisseaux laissent dans leurs canaux les ordures qu'ils entraînent. Les reins ou les glandes, dont ils sont composez, sont ces éponges qui boivent cette eau qu'on nomme la serosité, & que quantité de sels grossiers, de soufres impurs, & d'autres corps étrangers, rendent épaisse, & les conduits qui font la substance interne du rein, sont ces ruisseaux qui devroient s'assabler & se boucher par les impuretez de la liqueur qui y passe. La terre où les eaux de la mer se filtrent, se charge du sel & des autres ordures qu'elles portoient. Toute la masse des humeurs est comme la mer du petit monde, les reins par où les serositez passent, sont comme la terre dans laquelle les eaux laissent les corps grossiers qu'elles entraînoient avec elles. L'urine est en effet salée comme l'eau marine, aussi bien aprés qu'avant sa filtration, parce que ses sels la suivent dans le filtre, au lieu que l'eau de la mer devient douce aprés avoir été coulée, le sel marin étant obligé de la quiter à la rencontre d'un filtre étroit, dans lequel il ne sçauroit entrer.

Si des reins on descend aux parties qui servent à la conservation de l'espece, on y trouvera bien encore plus de fragilité. Que peut-on voir de plus fragile que l'artere & la veine spermatique, en cet endroit où leurs détours presque infinis, font un serpentin admirable, ou un laſſis dont l'entrelaſſement eſt plus embarraſſant, que le labyrinte de Crete? Que peut-on imaginer de plus delicat que les tuniques de ces viſceres deſtinées à garder la ſemence? Comment eſt ce qu'elles ne crevent à la premiere ébullition de cette humeur fougueuſe, qui fermente encore plus violemment que toutes les autres, qui roulent dans nôtre corps? Qu'y a-t'il de plus tendre que ces glandes qu'on nomme Proſtates ou Paraſtates? Comment ſont-elles à l'épreuve de la moindre acreté des ſels, ou de la violence que les fermentations exceſſives leur font de temps en temps? Enfin, que peut-on penſer de plus foible que ces tuyaux capillaires, qui s'entortillant en peloton, forment les teſticules & les épididymes? Et cependant il n'eſt point de liqueur plus impetueuſe, ni plus boüillante que celle que la Chymie Naturelle y fait circuler. L'Ele d'Angleterre, qui ſaute au planché dés que la bouteille eſt ouverte, ſi l'on n'en ôte le bouchon avec une précaution extreme, n'eſt qu'un embleme imparfait de ſon impetuoſité. L'eſprit de vin le plus rafiné, ou l'eau de la Reyne d'Hongrie la plus ſubtile, qui s'envolent en l'air au premier degré de chaleur, representent assez bien sa volatilité, mais non pas sa violence. Et si l'on compare ses mouvemens vigoureux avec la delicatesse des tuyaux, qui doivent y resister, on avoüera que la foiblesse même tient bon contre une grande force. Rien ne rend la fragilité de ces canaux plus visible, que la peine qu'on a à les bien voir eux-mêmes sans le secours de l'Art. Leur extreme petitesse les avoit cachez à tous les anciens Anatomistes, qui n'en ont fait aucune mention. Et l'adresse de Monsieur Graef, qui les a montrez le premier, étoit souvent courte à les bien développer. La delicatesse des instrumens qu'il employoit à cette operation, la grande precaution avec laquelle il les manioit pour ne les pas rompre, mais sur tout le mauvais succez qui rendoit souvent tous ces ménagemens inutiles, prouvent mieux leur fragilité que tout ce qu'on en sçauroit dire. Et cependant ils soûtiennent l'effort d'une liqueur qui bout avec une violence inconcevable à la premiere étincele que l'imagination échauffée y envoye. Le vin nouveau ne se met pas dans de vieux vaisseaux, dit Nôtre Seigneur Jesus-Christ, parce que des tonneaux usez ne sont pas à l'épreuve des violentes ébullitions de cette liqueur nouvelle. Et cependant cet Auteur de la Nature expose à des fermentations beaucoup plus grandes des vaisseaux sans comparaison plus foibles, suppleant au défaut de leur force par un artifice divin, qui nous est incomprehensible. Il a mis ses tresors en des vaisseaux de terre. Cette verité se trouve dans la Nature, aussi bien que dans la Grace. Les esprits & les humeurs, qui roulent dans le corps animé, sont les tresors de la vie animale; & Dieu les a renfermez dans des parties, qui n'ont rien de plus merveilleux que leur fragilité comparée avec la force des causes qui tendent à leur destruction. Afin qu'un sujet resiste au choc qu'il soûtient, il faut qu'il y ait quelque proportion entre la force qui attaque & celle qui se défend. Mais cette condition ne semble pas se trouver dans l'assaut que plusieurs causes livrent aux plus foibles parties de l'animal. L'aggresseur paroît toûjours plus fort que l'attaqué, qui ne laisse pas pourtant de faire une vigoureuse resistance. C'est une force secrete, qui le défend, & une main invisible, qui repousse tous les coups qu'on luy porte. C'est une mechanique divine qui le met au dessus de toutes les atteintes. Quoy-qu'on fasse une merveille de leur conservation, on ne pretend pas pourtant la faire dependre d'un secours extraordinaire que la cause premiere leur donne. On n'entend pas que Dieu change en leur faveur l'ordre de la Nature, ni que la Toute-puissance entreprenne miraculeusement leur défense, *Ne Deus intersit nisi dignus vindine codus*. Mais la disposition naturelle dans laquelle la force de ces parties consiste, est si secrete, qu'elle a je ne sçay quoy de Divin, selon le stile des Auteurs sacrez, qui disent, Que les choses cachées sont de l'Eternel. Dieu prend soin de nous cacher ce principe de nôtre force & de nôtre vie, & ne nous montre que le côté fragile de nos parties, pour nous tenir dans une frayeur-pieuse, qui naît de la persuasion de nôtre extreme fragilité, & de l'incertitude de la vie. L'homme est fort sujet à oublier sa mortalité. Il avoit besoin que tout luy en parlât chez luy. Aussi ne sçauroit-il jetter les yeux sur aucune de ses parties, qui ne luy en presente mille preuves. Son Createur, qui le connoît parfaitement, veut par ce moyen arracher de son cœur cette funeste securité, à laquelle il n'a que trop de penchant ; & mettre à sa place une crainte salutaire, qui luy faisant faire reflexion sur la briéveté de ses jours, rend son cœur plus sage, qu'elle ne la trouvé.

Mais je ne m'apperçois pas, que je suis insensiblement passé de la Physique à la Morale, retournons à nôtre sujet pendant que nous n'en sommes pas encore fort éloignez. Et aprés avoir veu les dangers generaux que nôtre vie court de la part des parties solides, examinons ceux qu'elle trouve dans les humeurs mêmes, qui sont destinées à sa conservation.

Le petit monde, aussi bien que le grand, a son continent & son liquide, les parties solides répondent à la terre ferme, & la masse des humeurs, qui les arrosent, en est comme la mer. Et comme dans le grand monde on court plus de risque sur mer que sur terre, aussi dans le petit, les plus frequens & les plus grands dangers, dépendent des mouvemens excessifs, ou de la corruption des humeurs. Le sang a son flux & reflux plusieurs fois dans vingt-quatre heures, aussi bien que l'Ocean ; & celuy des personnes bien reglées, qui ne prennent que deux repas le jour, ne l'a que deux fois dans un jour naturel. Quand le chyle, ou les alimens fondus dans l'estomach, se mêlent avec le sang, ils excitent une fermentation, qui fait une espece de marée. Toute la masse des humeurs s'émeut, s'enfle, s'éleve, écume & se repand à grands flots sur les rivages du petit monde, en inondant les parties externes. Le cœur battant alors plus qu'à l'ordinaire, augmente par son impulsion la rapidité de ces courans, qui coulent dans tous les autres membres. Et comme les marées extraordinaires faisant déborder la mer en divers endroits du rivage, surmontant ou enfonsant les foibles barrieres, qui bornoient auparavant leur cours, y causent de grands ravages; ainsi les fermentations excessives que certaines dispositions du chyle produisent dans la masse du sang, poussant avec violence les endroits foibles des canaux, y ouvrent de grandes brêches, par où la matiere des inondations se repand. Si cet épanchement se fait dans les membranes du cerveau il allume une inflâmation, qui se nomme phrenesie, dans celles de l'œil une ophtalmie, dans cette membrane, qui tapisse interieurement les côtez, une pleuresie, dans le poumon une peripreumonie, & dans les boyaux une dissenterie. Nôtre langue n'a pas de noms propres pour signifier les inflammations du cœur, du mediastin, du diaphragme, du foye, de l'estomach, de la rate, du pancreas, du mezentere, des reins, de la vescie, de la matrice & des autres parties. La langue Latine, qui se trouve dans la même disette de termes, en emprunte de la Greque, qui luy préte les noms de Phrenesie, d'Hepatitis, Splenitis, Nephritis, pour dire l'inflammation du diaphragme, du foye, de la rate & des reins. On ne sçauroit dire pourquoy la Françoise ne s'en est pas accommodée aussi, n'ayant pas fait difficulté d'adopter les noms des autres inflammations qu'on a déja nommées. Mais il ne faut pas demander raison de l'usage, qui le plus souvent n'en a point d'autre que celle qu'Horace en rend dans son Art Poëtique.

Si volet usus
Quem penes arbitrium est & jus & norma loquendi.

Il luy a plû de retenir les mots de Phlegmon, d'Erysipele, d'Edeme, pour ces effusions où le sang proprement dit, la bile ou le phlegme, ont le dessus, laissant le nom de Cancer à cette tumeur, où l'atrebile domine. La matiere de ces enfleures

φλεγ-
μον.
1.
Ερυσι-
πελας.
2.
Οιδε-
μα.
3.
Χαρκι-
νωμα.
4.

s'épand principalement pendant les grandes ébullitions du sang. Un pot verse quand il bout trop, le Nil inonde toute l'Egypte, lorsque le nitre fait fermenter ses eaux, & la mer ne couvre ses rivages, que quand la vaste masse de ses eaux boüillonne extraordinairement. Quand on voit la mer du petit monde émeuë, & qu'on se souvient de la foiblesse des canaux dans lesquels elle roule ses flots, on ne peut assez s'étonner de la resistance qu'ils font à ce flux & reflux, qui les bat presque à tous momens. Car quand la masse des humeurs seroit comme un vin dans sa boite, parfaitement pure & libre de ces corps étrangers, qui la font boüillir, elle ne demeureroit pas pourtant tranquille, s'il naît la moindre passion dans l'ame; & l'on auroit beaucoup de peine à trouver dans tout le cours de nôtre vie un moment qui ne soit troublé par quelqu'une de ces émotions. Les fermentations regulieres que le mêlange du chyle porte dans la masse des humeurs, peuvent être comparées à ces mouvemens journaliers que la cause ordinaire donne aux eaux de la mer, mais les agitations que les passions excitent dans le sang, sont comme les mouvemens extraordinaires que les vents causent à la mer. En effet, est il rien de plus semblable au vent, que cet esprit qui souffle du cerveau sur la masse des humeurs ? N'est-il pas invisible, remuant, impetueux comme luy ? Quand donc à l'occasion de quelque pensée émouvante les esprits entrent dans un grand mouvement, c'est un vent impetueux, & comme un ouragan qui se leve dans la tête, qui souffle par les canaux des nerfs sur la mer Rouge du sang, qui en soûleve les flots, qui la fait écumer & boüillonner, qui en precipite le cours, & qui la bouleverse de fond en comble. Un seul vent est bien capable de faire tout ce desordre, mais l'agitation est encore plus violente quand plusieurs vents contraires soufflent à la fois, *Quum Eurusque Notusque ruunt creberque procellis Africus & vastos volunt ad littora fluctus.* Aussi quand plusieurs passions agitent à même temps les esprits, la masse des humeurs se partage en divers courans, qui s'entrechoquent avec une extreme violence & élevent de gros boüillons à l'endroit où ils se rencontrent. Le torrent de la circulation ne va plus son train ordinaire, tantôt il remonte vers sa source, tantôt il precipite son cours vers les extremitez, le plus souvent il enfle generalement, toute sa masse roulant à gros boüillons dans tous les canaux qui le conduisent, & toûjours il bat de ses flots impetueux, les tuyaux par où il coule. Comme l'esprit de l'homme n'est jamais sans passion, aussi son sang n'est jamais en repos: c'est un Euripe dont le flux & reflux ne cesse jamais, la mer Adriatique est beaucoup moins agitée. Et ce que la Lydie d'Horace dit du cœur de son Galent, se peut dire de celuy de tous les hommes, & en plus forts termes, de la masse de leurs humeurs, *Improbo iracundior Adria*. Si le monde avoit un veritable Stoïcien, il auroit plus d'une mer morte. Les humeurs de cet homme n'auroient guere que des mouvemens tranquilles & bien reglez, mais l'homme sans passion n'existe que dans l'opinion de quelques Philosophes, comme l'Orateur parfait n'a jamais été que dans l'esprit de Quintilien, & la Republique sans défaut dans celuy de Platon. Les passions naissent avec l'hôme, & ne meurent qu'avec luy. Elles sont de tous les hommes, de tous les païs, & de tous les temps. Il faut être mort pour être un veritable Stoïcien. Tant que l'homme vit, ses humeurs sont donc agitées par une infinité de passions.

Ses vaisseaux déliez comme des cheveux, courent risque à tous momens d'être ouverts ou rompus par la violence de ces mouvemens.

Mais les tempêtes qui s'élevent dans la mer du petit monde, n'ont pas toûjours une cause externe; elle a souvent dans son sein le principe de ce tumulte. On a cru que le flux & reflux n'étoit qu'une violente fermentation des eaux salées, excitée par quelque sel qui fermente avec le marin, & qui comme la cause des accez, se dissipant à chaque marée par la grande agitation où ses parties sont pendant l'ébullition, a besoin du temps, qui separe les deux marées pour faire un autre amas, qui suffise à une nouvelle fermentation. La pluspart de ceux qui sont tombez dans ce sentiment s'accordent à prendre le nitre pour la source de ce mouvement merveilleux, mais ils ne sont pas d'accord sur le lieu d'où ce ferment vient, les uns le tirant de l'air, & les autres de la terre. Quoy-qu'il en soit, la masse des eaux fermentant par un principe qu'elle porte dans son sein, est une image naïve du sang, qui bout le plus souvent par les sels ou les corps étrangers, dont il s'est chargé par la voye de la nourriture, ou par celle de la respiration, ou par celle de la circulation, qui le fait passer dans quelques parties pleines de sels fermentatifs, comme dans autant de mines, où il prend les levains qui font lever toute sa masse. Le Nil, selon quelques-uns, prend des terres qu'il arrose, une teinture nitreuse, qui faisant beaucoup fermenter toutes ses eaux, les oblige à sortir de leur canal, qui ne peut les contenir pendant leur grande élevation. C'est un embleme encore plus juste des ébullitions qui se levent dans ce torrent, que la circulation fait rouler dans le corps animé. De temps en temps le sang de l'animal se trouve embarrassé de sels, qui ayant une nature contraire, ne peuvent se rencontrer dans un même sujet, sans y produire ce combat qu'on nomme la fermentation. Les acides & les alkalis, sont des principes incompatibles, qui ne pouvant pas bien s'ajuster ensemble, excitent toûjours quelque tumulte dans la liqueur qui les contient. Or les alimens qu'on prend, & l'air qu'on respire à tous momens, portent ces deux especes de sel dans la masse de nos humeurs. Ils y sont d'abord embarrassez dans les parties grossieres, mais ils s'en dégagent insensiblement par une douce & longue digestion, par les fermentations naturelles, & par des circulations souvent reïterées. Et dés qu'ils sont en liberté, ils commencent à s'entrechoquer, & à exciter ce mouvement intestin qu'on appelle fermentation. Ce sont comme deux Athletes auparavant liez, mais qui en viennent aux mains dés que leurs liens sont détachez ou rompus, & que leurs petites prisons sont ouvertes. La masse du sang est comme grosse de deux gemeaux, qui s'entrebattent dans son sein, dés qu'ils sont assez dégagez pour se rencontrer, ou pour se remuer librement. Les parties grossieres qui les tenoient enfermez, étoient l'entre-deux qui les separoit, & la barriere qui les empêchoit d'en venir aux prises. Mais comme toute quantité de sel nitreux ne suffit pas pour faire fermenter les eaux du Nil, ce mineral devant s'y rencontrer en abondance pour produire cet effet ; ainsi une quantité mediocre de ces sels fermentatifs, ne peut pas élever dans la masse du sang cette fermentation excessive, dans laquelle on fait consister la fievre. Il faut que la mesure en soit comble, ou que le sang en soit extraordinairement chargé, soit par l'addition de ceux que la nourriture & la respiration, y portent de nouveau, ou par la suppression de ces évacuations qui doivent jetter hors du corps ces sels superflus. Pour entretenir cette douce fermentation qui fait la vie de l'animal, il faut bien que ces principes y soient en une quantité mediocre ; mais s'il y en a trop ou trop peu, l'on sort de ce point indivisible dans lequel la santé consiste. S'il n'y a pas assez de sel dans la masse du sang pour la faire fermenter. C'est plûtôt un cadavre qu'un corps animé, le ruisseau de la circulation lent & bourbeux, s'arrête dans tous les détours du labyrinte qu'il doit parcourir ; & la plufpart des parties en ayant leurs canaux bouchez, sont privées de la liqueur qui devoit les arroser & nourrir. Mais si le sel se trouve en trop grande abondance dans les humeurs, il en fait lever, fermenter & boüillir toute la masse, qui court alors dans ses canaux avec une extraordinaire rapidité. Le cœur émeu ou irrité par le grand mouvement de cette liqueur que la circulation verse dans ses cavitez, en precipite davantage le cours par son battement violent. Les arteres piquées par le même éperon, battent aussi plus vite & plus fort, & augmentent par leurs frequentes systoles ou contractions, la vitesse du torrent qui coule dans leur cavité. Le sang sortant à gros boüillons du cœur, & poussant leurs côtez avec plus de force, en éleve le pouls à proportion. Enfin, l'agitation passant de la masse des humeurs dans celle des esprits, ceux-cy coulent en plus grande quantité dans les organes qui servent à la circulation & les arteres, qui aprés le cœur, en font le principal ressort, animées par une influence extraordinaire d'esprits, doivent battre avec plus de force & de precipitation. Au reste, quand les nerfs qui s'inserent dans les vaisseaux du sang, ou qui forment des anneaux autour d'eux, ne fairoient pas conjecturer qu'il y a quelque communication entre les esprits & les humeurs, & que les mouvemens de celles-cy passent aisement à ceux-là, comme les agitations de l'air se communiquent facilement à l'eau, le sang qui par les carotides & vertebrales, entre dans le cerveau, le reservoir de l'esprit animal, ne permettroit pas de douter qu'il ne fasse part de ses émotions à la matiere subtile, qu'il verse & qu'il trouve déja filtrée dans ce viscere. Ajoûtez à cela que l'esprit qu'il y laisse, est le principal sujet & la cause même du mouvement. Peut-étre que le cerveau est l'endroit par où les mouvemens du sang passent jusqu'aux esprits, dont il est le magasin, & que l'insertion des nerfs dans les vaisseaux du sang, est le détroit par où la mer des esprits communique ses tempêtes à celle des humeurs. La masse invisible des esprits est comme l'air du petit monde, & celle du sang, comme tout le corps des eaux. Le vent, qui n'est qu'un air extraordinairement agité, soûleve les flots de la mer,

Summus arbiter Adriæ
Seu tollere seu ponere vult freta.

De même un rapide courant d'esprits, qui n'est autre chose que l'esprit même excessivement émeu, soufflant sur la masse des humeurs, la bouleverse de fonds en comble pendant le regne de quelque passion violente.

Les grandes tempêtes troublent les eaux de la mer en remuant le limon & le sable qui se mêlent avec elles : & l'on ne doit pas douter que les impuretez du sang, qui s'étoient rassises pendant qu'il étoit calme, ne se confondent derechef avec luy, comme un nouveau levain, qui le fait fermenter ensuite avec plus de violence. Quand on remuë une barrique de vin, la lie qui avoit coulé à fonds, se remêlant avec la liqueur épurée, porte dans son sein la cause d'une fermentation nouvelle. Quelque fois la masse des humeurs s'étant déchargée par la voye de la precipitation artificielle ou naturelle, de toutes les ordures, ou de tous les corps étrangers qui la faisoient boüillir, demeure parfaitement pure & tranquille; mais un exercice violent agitant beaucoup le vaisseau, qui contient la liqueur vitale, les impuretez qui s'en étoient separées rentrant dans son sein, y ramenent un principe de tumulte & d'ébullition. Aussi la fievre naît souvent des mouvemens excessifs.

S'il n'y avoit point de lie ou de tartre dans le vaisseau, on auroit beau le remuer, son vin demeureroit net & sans fermentation; aussi quand le corps d'un homme se trouve bien pur & net, les plus grands exercices ne luy donnent point la fievre comme à celuy qui est chargé de mauvaises humeurs.

Pour la même raison un Soleil ardent fera mal à l'un, & non pas à l'autre. La chaleur mettant le levain en mouvement, aide la fermentation, mais s'il n'y a pas de ferment, cette cause instrumentale de l'ébullition, ne pouvant pas suppléer au défaut de la principale, ne fera pas boüillir long-temps la liqueur. Un Soleil ardent peut bien faire boüillir quelque temps le sang le plus pur, mais l'ébullition cessera avec l'action du Soleil, parce que les humeurs bien épurées, n'ont pas en elles-mêmes la cause qui pourroit la faire durer. Dix personnes souffrent les ardeurs de la canicule, le sang leur bout à toutes comme s'il étoit sur le feu : mais de ces dix, il y en a cinq, à qui l'ébullition continuë aprés la chaleur, & il y en a cinq autres, dont le sang ne bout plus, dés qu'ils ont éteint cette chaleur étrangere par la fraicheur de l'air qu'ils respirent. D'où vient cette difference ? De la diverse disposition des sujets. En ceux qui avoient le sang parfaitement pur, l'ardeur de l'Esté étoit la cause principale de l'ébullition ; au lieu qu'elle n'étoit que l'instrumentale en ceux dont les humeurs étoient pleines d'impuretez, qui faisant la cause principale de la fermentation, la pouvoient continuer aprés que la cause moins principale cessoit d'agir.

Le moust qu'on met au Soleil, bout plûtôt que le vin qui a cuvé, celuy-cy
ayant

ayant perdu par la separation de ses impuretez, la cause de cette prompte ébullition, & celuy-là l'ayant encore toute entiere. Soit que ces corps étrangers dont le vin nouveau est chargé, consistent en sels d'une nature incompatible, comme l'acide & l'alkali, qui ne peuvent pas se trouver dans le même sujet, sans y faire quelque combat, dés qu'ils ont la liberté du mouvement; ou qu'ils ne soient que des obstacles, qui bouchant les routes des pores, s'opposent au libre cours des esprits, qui s'y promenent, pour ainsi dire, comme dans leurs galeries, selon l'explication qu'on en donne ailleurs. Le sang renouvellé par un chyle cru, est comme un moust mal meur, qui a besoin de cuver long-temps pour s'épurer parfaitement. Les esprits embarrassez dans l'une & l'autre liqueur, font un effort continuel pour se dégager, & la resistance que les principes passifs font à leur dégagement, cause une espece de combat dans lequel la fermentation consiste. On a raison de dire que le vin travaille quand il est dans cet état, le sang de l'animal travaille aussi, quand il fermente pour parvenir à la maturité, ou à l'exaltation de son esprit, auquel proprement appartient ce travail. Ce mouvement ne cesse que par la precipitation des impuretez qui le causent, aussi la fievre, dont il est la figure, ne s'éteint qu'aprés la separation des corps étrangers, qui faisoit fermenter la masse des humeurs.

Si le vin bout trop long-temps, il se gâte. Ses esprits, qui sont dans un grand mouvement pendant l'ébullition, laissent leur liqueur comme morte. Les Latins marquent ce vice par le nom de Vappa, & nous l'appellons évaporé. Quand le sang a long-temps fermenté par une longue fievre, il a perdu tout son esprit, qui s'envole par la voye de l'évaporation. Toute la masse des humeurs n'est plus qu'un corps inanimé, qui ne fermente plus dans le cœur, qui ne sçauroit plus fournir au cerveau d'esprits qu'elle n'a pas, & qui n'est plus propre à nourrir le corps. Les principes de la fermentation dissipez par les ébullitions excessives, le mouvement qu'ils excitent dans le sang, s'affoiblit peu à peu, & s'arrête enfin avec la circulation, qui est la cause immediate de la vie. Mais quand les humeurs continueroient à fermenter sans esprits, leur mouvement circulaire s'arrêteroit, parce que le cœur, le poumon, les arteres, & tous les autres ressorts qui l'entretiennent, privez de l'influence de leur moteur, ou de l'esprit animal, ne peuvent plus battre qu'avec une extrême foiblesse. Un moulin à vent s'arrête dés que ce meteore ne souffle plus. Enfin, toutes les plantes d'un jardin se fenent dés que le ruisseau qui les arrosoit est tary par les ardeurs de l'Esté, ou que ses eaux ne peuvent plus couler jusqu'à elles, & les parties du corps tombent dans l'atrophie dés que la fievre, la canicule du petit monde tarissant les ruisseaux du sang, cause une secheresse generale par tout le corps. La fievre, qui dissipe tous les principes actifs du sang, tueroit donc l'animal, quand ses violentes ébullitions ne romproient pas quelque vaisseau dans les visceres, & ne leur causeroient pas des inondations funestes.

Ces épanchemens préviennent souvent la dissipation totale des esprits, elle est même souvent interrompuë par l'exaltation de quelque principe fixe, qui rend l'esprit captif, lors-qu'il étoit prêt à se mettre dans une entiere liberté. En effet, il arrive souvent que le sel fixe gagne le dessus à l'esprit dissipé & affoibly par de longues fermentations. Le vin s'aigrit aprés avoir long-temps fermenté. L'esprit trop agité par l'ébullition excessive, n'a demeuré dans cette liqueur qu'en tres-petite quantité ; & l'acide du tartre que l'abondance des esprits tenoit bas, s'exalte, & se prevaut, pour ainsi dire, de la foiblesse où son antagoniste se trouve. Les mêmes vicissitudes s'observent dans le sang ; tant que les esprits y tiennent le haut bout, le sel fixe n'a garde de s'élever, ses parties grossieres sont chassées des pores où ces mercures font leurs courses : mais quand une fievre opiniâtre n'a laissé que peu d'esprits à la masse du sang, ils ne sont pas assez forts pour pousser hors de leurs routes ces sels fixes qui s'opposent à leur passage. Ils se trouvent accablez sous le nombre des ennemis, & ne pouvant les vaincre, ils s'unissent & s'incorporent avec eux, comme l'esprit du vin ne fait qu'un corps avec le sel fixe du vinaigre, d'où l'on le tire, quand on fait l'esprit ardent de Saturne. C'est le portrait du sang qui fait la fievre quarte, à laquelle se terminent la plufpart des fievres opiniâtres. C'est l'état des humeurs, qui roulent avec beaucoup de peine dans les veines d'un corps hectique, qui ne meurt qu'à petit feu, parce qu'il n'a plus assez de soufres pour en allumer un grand. C'est enfin la disposition où se trouve le sang dans ces hydropisies, qui suivent les longues fievres. L'esprit qui doit animer toute la masse des humeurs, est luy-même mort & enfevely dans le sein du sel fixe, il devroit donner le mouvement à toutes les parties du corps, & il n'en a pas luy-même, lié par le principe qui le fixe. Si l'esprit universel perdoit son mouvement, toute la matiere du grand monde s'arrêteroit, & la Nature visible tomberoit en défaillance : aussi quand l'esprit vital, qui remuë la matiere du petit monde, cesse d'agir, toutes les fonctions de la vie, qui dépend de son action, sont incontinent suspenduës. On peut voir icy la raison de la difficulté qu'on trouve dans la guerison des fievres quartes ou lentes, ou dans celle des hydropiques, qui s'enflent aprés une fort longue fievre. Il ne s'agit pas de moins que de la resurrection d'un mort, puisqu'il faut tirer l'esprit comme du tombeau, qu'il a trouvé dans le sein du fiel fixe. Et les Chymistes ont raison de donner le nom de revivification à cette operation, par laquelle ils font lacher prise au sel de Saturne, qui tenoit l'esprit de vin comme enfevely dans ses pores.

Mais l'esprit a bien d'autres lieux que ceux du sel fixe, il se trouve souvent emprisonné dans les parties rameuses du soufre, qui gagne quelque fois le dessus à tous les autres principes. Comme dans un Estat bien reglé, le Roy doit tenir le haut bout, & les Sujets doivent se soûmettre à ses ordres; ainsi quand le sang est en bon état, l'esprit, qui doit y regner, tient sous sa puissance tous les autres principes. Mais comme dans une revolte generale les Sujets se mettent au dessus du Prince, ainsi dans ce desordre universel, qui se glisse quelque fois dans le composé naturel, l'esprit devient captif des autres principes, dans l'embarras desquels il perd toute sa force & sa vertu. Le vin gras, moisi ou pourry, dont les soufres ont surmonté l'esprit auquel ils devoient étre soûmis, n'a ni pointe ni vigueur. Dans le premier vice, le soufre seulement trop dégagé, a rompu la tissure de la composition, & s'éleve à la surface de la liqueur, qu'il couvre d'une espece de pellicule grasse. Mais il n'est pas encore dans un grand mouvement pour choquer rudement l'organe du goût ou de l'odorat, aussi n'a-t'il ni fort mauvais goût, ni l'odeur desagreable. Dans la moi-

DE L'ANIMAL. 199
fissure le soufre encore plus exalté, se met dans un plus grand mouvement, & poussant contre le nez ou le palais avec quelque violence les sels dont il est armé, il donne à l'un & à l'autre une impression desagreable. Enfin, dans la pourriture le soufre entierement déchaîné, romp entierement la tissure de la composition, ou les liens qui tenoient les principes unis ensemble. En sorte que les esprits s'envolent sans que rien s'oppose à leur exhalaison, & les sels volatiles qui les suivent, entraînant avec eux une partie des soufres les plus grossiers & impurs, se subliment vers les narines, qui en sont frappées fort desagreablement. Le goût en est choqué de même, parce que leur mouvement trop impetueux, fait une extreme violence à son organe. Le sang, aussi bien que le vin, est sujet aux trois vices qu'on vient de décrire, lorsque ses soufres commencent seulement à dominer sur l'esprit. Ils se ramassent en petits boutons, qui font le visage couperosé, ou toute la peau boutonnée comme dans la gale, dertres, erysipeles, sans fievre pourtant, parce que les parties sulphurées n'ont pas encore assez de mouvement pour ébranler toute la masse du sang. Mais quand elles se

sont un peu plus dégagées, & qu'elles sont assez libres pour entrer dans une grande agitation, elles remuent toutes les humeurs; & comme tous les grands mouvemens circulaires sont suivis de chaleur, il s'allume dans le sein des humeurs une espece de feu, qui accompagne inseparablement la fievre, & sur tout la continuë simple. Enfin, quand les soufres du sang ont entierement secoué le joug de la composition, & ne sont plus dans la subordination qu'ils doivent à l'esprit, c'est ce qu'on nomme la pourriture du sang, ou la veritable cause de la fievre pourrie. Mais ce n'est encore que le second degré de la corruption, les autres principes tiennent encore en quelque façon leur rang, & leur tissu n'est pas tout-à-fait rompu, comme dans la fievre maligne, où la masse du sang est tellement dissoute, qu'elle a perdu toute sa consistance. Les esprits & les autres principes actifs sortent en foule par la porte que cette grande dissolution leur ouvre, & ne laissent dans le corps qu'un cadavre de sang, qui n'est plus propre à entretenir les fonctions vitales. De là vient que la foiblesse, qui n'a point de proportion avec la fievre, est une marque de malignité: si le cœur ne bat presque qu'à l'ordinaire,

dinaire, c'est que n'ayant qu'une tres-petite quantité d'esprits, il n'a pas la force d'élever extraordinairement son pouls, & le sang même qui a comme rendu l'esprit, la principale cause de la fermentation vitale, ne bout plus que fort foiblement, jusques là que le pouls de ces febricitans n'est pas fort different de celuy qu'ils avoient dans leur parfaite santé. La malignité de la fievre est donc une espece de mort pour le sang, qu'elle suppose presque epuisé d'esprits, & cette mort d'une partie est souvent suivie de celle du tout. Si l'esprit n'étoit que fixé comme dans la fievre quarte, on pourroit encore le volatiliser & luy rendre son mouvement, par des remedes dont les petites parties en auroient beaucoup. Il est alors assoupi, prisonnier, ou tout au plus comme une personne, qui est en pamoison ; mais dans une fievre maligne au dernier degré, le sang est comme mort, puis qu'il a rendu l'esprit, par maniere de dire. On revient d'une pamoison mais non pas de la mort. La masse des humeurs est alors un vin pourri pour lequel il n'y a point de remede : le moisi, l'eventé, l'aigre se peuvent raccommoder, & les vices du sang qui répondent a ces mauvaises ualités du vin ne sont pas incurables.

Le vin trop couvert ou trop épais se peut

rendre claire par la précipitation des corps grossiers qui le rendent opaque ; aussi le sang bourbeux peut devenir coulant & subtil par la separation des impuretez qui l'embarrassent.

Le vin vert ou sur peut meurir ou par sa propre fermentation, ou par celle qu'on luy procure ou par l'addition de quelques corps sulphurez, comme sont une lie fort grasse, ou des syrops faits exprez, pour embourrer la pointe de ses sels rudes, & le sang cru, dont les esprits ne sont pas encore bien developez, peut se cuire & se digerer par une douce digestion, par sa fermentation naturelle, & par des longues circulations. C'est un malade dont le corps n'est pas encore tout à fait gâté, les principes de la vie y restent encore quoy qu'en desordre, & le fonds en est assez bon quoy qu'il ne soit pas dans son état naturel.

Mais à combien d'alterations est sujette cette liqueur vitale. Qui connoîtroit toutes celles du vin en sçauroit une bonne partie, mais non pas toutes. C'est le champ de bataille de plusieurs sels contraires, dont le combat dure autant que la vie. Tantôt l'acide est victorieux, & tantôt l'alkali. Quelquefois les sels fixes prennent prisonniers les volatiles, & quelquefois ceux cy volatilisent ceux là. Aujourd'huy ils s'unissent & semblent conspirer à mettre le calme & la paix dans la liqueur qu'ils composent; demain ils se separeront & par leur mouvement tumultueux ils porteront le desordre & une espece de sedition dans toute sa masse. Tantôt les sels de même nature se joignent pour se maintenir, & tantôt ils se desunissent, la force de quelque dissolvant l'emportant sur le penchant naturel qu'ils ont à s'unir. Souvent le soufre trop dégagé se met au dessus de tous les autres principes, & par l'embarras de ses parties rameuses il forme des grumeaux, qui s'arrêtent à la peau sous la forme des pustules, quand ils n'ont pas assez de mouvement pour suivre la circulation dans la surface du corps, ou ses canaux sont de plus trop étroits pour donner passage à ces cailloux. De là viennent la rougeole, la petite verole & les erysipeles. Mais si ces soulfres exaltez prennent feu, s'ils entrent dans une grande agitation, ils ébranlent extraordinairement toutes les parties du sang, & causent un embrasement universel par tout le corps. La fievre n'est le plus souvent qu'une inflammation extraordinaire des soufres qui sont dans le sang; & l'animal est dans cet état comme le mont Ægla ou le Vesuve dans une incendie extraordinaire. Quand l'inflammation de ces soufres est éteinte, le sel fixe gagnant le dessus aux autres principes fait ses ravages à son tour, l'esprit dissipé par les ebullitions, que le soufre a causées le laissant regner à sa place. Soûs son regne on ne voit que lassitudes, assoupissemens, pâles couleurs, paralysies, apoplexies, langueurs, pamoisons, syncopes, hydropisies & souvent la mort. Le sel fixe appesantissant l'esprit qui reste encore dans la masse du sang, ne luy laisse pas assez de mouvement pour exciter dans le sang une fermentation vigoureuse, dont le défaut fait le mal des filles, ni pour faire joüer les muscles, entre lesquels le cœur tient le premier rang. Il faut donc que tous ces ressorts privez de leur moteur principal, ou n'agissent que fort foiblement comme dans la lassitude, ou s'arrêtent tout à fait comme dans la paralysie, l'apoplexie, la pamoison ou la syncope. Quand ce sel peut fixer dans le cœur l'esprit qui fait fermenter le sang, cette humeur n'en sortant qu'avec peine y fait sentir une grande pesanteur, qui ne produit que la pamoison, si les humeurs n'ont pas perdu toute leur fermentation, & la syncope, si l'esprit est tellement subjugué qu'il ne puisse plus l'exciter, à moins qu'il reçoive quelque nouveau secours. Si ce sel fixe a sa principale source dans le sang il peut bien causer la paralysie, & l'apoplexie même en empêchant la distillation de l'esprit qui ne peut pas se bien tirer d'une liqueur mal fermentée ; mais il arrêtera plûtôt le mouvement & le sentiment dans leur source, s'il à sa mine dans le cerveau. Le sel fixe du plomb arrête le mouvement & la volatilité du mercure. Il est quelquefois sorti du sein de la terre certains esprits qui fixant ceux de l'animal luy causoient une mort subite, & quelques exhalaisons venuës de la même source ont autrefois petrifié des troupeaux entiers, si l'on peut ajoûter foy aux relations dont les Autheurs paroissent être de bonne foy. Si le grand monde a des sels capables d'une si grande & si prompte fixation, le petit ne pourroit il pas en avoir à peu prez de même nature, puis que la matiere de l'animal est la même que celle du monde, & que l'un & l'autre sont sujets à peu prez aux mêmes accidens & aux mêmes vicissitudes? Mais les sels fixes qui regnent quelquefois dans les humeurs n'en arrêtent pas toûjours le mouvement, au contraire ils excitent souvent des fermentations fort violentes dans la fievre quarte, & dans la melancholie hypochondriaque, & quelquefois des ebulitions petites mais opiniatres, comme il paroît par les fievres lentes, qui accompagnent la phtisie, le Scorbut ou les pâles couleurs des filles. La raison de cette difference se prend du different état des humeurs. Quand elles ont assez de principes actifs pour ébranler les parties grossieres du sel fixe, l'ebullition est fort violente, parce que les corps proportionnent souvent à leur masse la violence de leurs mouvemens, un grand ayant plus de force qu'un petit pour ébranler ceux qui l'environnent. On peut rapporter à ce principe les grandes fermentations que les acides font avec les chaux, les coraux, les perles, la terre seelée &c. Pour si peu de vinaigre, de jus de limonnes, ou de grenades qu'on verse sur quelqu'une de ces poudres, on la voit incontinent enfler, & verser par dessus les bords du vaisseau où l'on fait le mélange s'il n'y reste beaucoup de vuide. Les parties terrestres d'un sang fort brûlé sont comme une chaux qui fermente horriblement avec l'acide qui fait la fievre quarte ou la melancholie hypochondriaque. Mais quand la masse des humeurs est fort pauvre en principes actifs, les parties pesantes du sel fixe n'en pouvant guere être remuées, la fermentation ne peut être que lente. Le moteur n'ayant pas de proportion avec le mobile, le mouvement ne sçauroit être que languissant. Mais s'il est plus petit il est en recompense plus long & plus opiniâtre, les corps qui ont plus de masse gardans aussi plus long-temps le mouvement qu'ils ont une fois conceu ; c'est pourquoy les fievres lentes sont d'ordinaire longues & difficiles à guerir. Dans tous ces cas les principes actifs conservent encore quelque espece de reaction contre le sel fixe, qu'ils ébranlent considerablement. Mais quand il est tellement le maître qu'il ne leur laisse presque aucun mouvement, la masse des humeurs est demy morte. Ses parties grossieres n'ayans pas assez de mouvement pour se chasser mutuellement s'accrochent les unes avec les autres & font divers grumaux, qui s'arrêtans dans les petits tuyaux du foye, de la rate, du mesentere des reins, du poumon, du cerveau & des autres parties, y forment autant de digues où la circulation s'arrête. Ces obstructions sont ordinairement suivies d'hydropisie pour deux raisons ; Premierement parce que l'acide qui les cause par ses coagulations fait aussi la separation du phlegme d'avec la masse du sang, & en second lieu parce que l'opposition qu'elles font à la circulation procure l'epanchement des serositez. On voit un embleme de la premiere verité dans le lait qu'on fait cailler par le melange de quelque acide. Le méme sel fixe qui fait la coagulation du lait produit a méme-temps la precipitation du petit lait. Et l'experience de Monsieur Stenon qui rendit un animal hydropique en liant un gros vaisseau dans son ventre, montre que les obstructions, qui font le méme effet que la ligature, contribuent beaucoup à l hydropisie. J'ay veu mourir de ce mal un chien à qui l'on avoit lié les vaisseaux spleniques en l'erratant. Il est vray semblable que la serosité poussée par les pistons de la circulation ne pouvant pas avancer à cause des obstructions qui s'opposent à son passage, se tourne vers les côtez où elle trouve les issuës des pores dilatés par la distension du vaisseau. Quand un torrent est arrété par une digue son mouvement droit se changeant en oblique, il se répand pardessus les bords.

Si ce desordre arrive dans le cerveau il fait une inondation qu'on nomme Hydrocephale, où les esprits éteins dans l'abondance du phlegme, ne pouvant pas se mouvoir pour faire les fonctions principales dans le cerveau, ni couler dans les muscles pour le mouvement, ni dans les organes des sens, le malade a l'esprit fort pesant, le mouvement languissant & le sentiment extremement

ment foible. En hyver, où le grand monde est dans une espece d'hydrocephale, les rayons du Soleil, qui sont fort semblables à l'esprit animal, s'éteignant presque dans les humiditez de l'air, la Nature devient demi paralytique, les corps inferieurs perdant leur force & leur mouvement. Les autres hydropisies particulieres supposant que le phlegme l'emporte sur l'esprit, doivent bien causer la même langueur, mais * l'hydropisie generale, qui est un deluge universel de tout le petit monde, marquant une plus grande abondance d'eau, rend l'animal encore plus lent & plus engourdy. Enfin, l'extinction totale de l'esprit fairoit mourir l'animal, mais elle est ordinairement prévenuë par quelque suffocation, ou par le défaut de respiration. Dans l'hydropisie de poitrine, les serositez, dont le poumon est environné, ne luy permettent pas de s'étendre ; & dans celle du ventre, les eaux, dont il est plein, ôtant au diaphragme la liberté du mouvement, il faut que la respiration s'arrête tout court, & que la vie, qui ne sçauroit s'en passer un moment, cesse avec la cause qui l'entretenoit.

* Leucophlegmatie.

Ce sont les maux que cause le sel fixe

pendant qu'il est encore adoucy par quelque peu d'esprits, ou par l'abondance du phlegme qu'il precipite, & lors qu'il n'est pas encore assez dégagé pour être corrosif, mais quand ses parties ont fort aiguisé leurs pointes en s'entrefrotant dans les violentes fermentations qu'il a causées, ce sont autant de rasoirs qui découpent les chairs où ils s'arrêtent. De là naissent les démangeaisons, la gale, les dertres, les ulceres, communs ou malins comme le cancer; particuliers ou generaux comme la ladrerie, ou l'ulcere qui tenoit tout le corps de Job ou du Lazare. Si ces sels rongeans roulent toûjours avec la circulation, & qu'ils n'irritent les membranes qu'en passant, on en est quitte pour la démangeaison, ou pour quelques piqueures. Mais s'ils s'arrêtent dans quelque partie, ils y font divers maux, selon les differens états où ils se trouvent. S'ils sont accompagnez de beaucoup de soufres impurs & grossiers, propres à faire une croute, ils produisent la gale. S'ils sont fondus dans quelque peu de phlegme bilieux seulement, ils causent les dertres, qui sont innocens ou malins, selon que le sel, qui les cause, est plus ou moins rongeant. La même difference se remarque

DE L'ANIMAL. 211
entre les ulceres que le sel fixe cause, les ulceres communs ne s'étendent guere, ni ne se communiquent, au lieu que les malins sont contagieux, ou gagnent bien-tôt les parties voisines. On a remarqué que les esprits ou les sels fixes fondus, étoient propres à se repandre. L'esprit de vitriol, de nitre, d'alum, &c. rongent en peu de temps le bouchon de la bouteille, où l'on les tient enfermez; & ce n'est pas le repos de leurs parties, mais l'effet qu'ils produisent sur l'esprit, qui leur donne le nom de fixes. Quand donc leurs atomes ont un grand mouvement, ils peuvent penetrer les parties qui touchent la malade, & par ce moyen agrandir l'ulcere: mais lorsque leur mouvement n'est pas suffisant pour cette penetration, l'ulcere ne croit pas Si de plus ils sont joints à quelque matiere gluante qui les rende faciles à s'attacher aux corps qui s'y appliquent, ou qui s'en approchent, l'ulcere qu'ils forment est contagieux. Ces deux caracteres de malignité se trouvent joints dans le cancer, parce que les sels rongeans, à force de croupir dans le Schirre, qu'ils forment par leur coagulation, s'échauffent, s'exaltent, entrent dans un grand mouvement par le moyen de

Dd ij

la fermentation qu'ils excitent, & deviennent plus tranchans en s'entraiguisant par un choc mutuel Mais ces esprits ou ces sels corrosifs, sont dans un suc visqueux, qui s'attachant à un corps sain, luy peut communiquer le même mal, en mettant dans la partie qui en est touchée, un méchant levain qui convertit en sa nature, toutes les humeurs qui y abordent Il n'est pas hors de vray-semblance qu'il naisse de la pourriture des humeurs un grand nombre d'insectes, qui ne sont visibles que par le microscope, puisque chaque corruption est suivie de quelque generation, mais on auroit peine à prouver que ces cirons soient cause de la contagion, qui accompagne certains ulceres. Ces petits animaux qu'on observe dans les ulceres veroliques, n'en sont pas une preuve convainquante, puisqu'on en remarque aussi dans les ulceres communs. Il y a plus d'apparence que la contagion depend de la grande activité du ferment, qui peut agir en tres-petite quantité, & du glu qui l'attache au sujet qui doit en être infecté. Si ce sel capable de corrosion n'occupe qu'une seule partie, il produit l'ulcere particulier ; mais s'il est en si grande abondance, que toutes les humeurs en soient chargées, & toutes les parties du corps attaquées & rongées, c'est l'ulcere general ou la ladrerie.

Au reste, les caustiques communs, la pierre de lune, l'eau forte, le sublimé corrosif, les precipitez & l'alum, dont on se sert pour consumer les chairs, prouvent assez, que les esprits ou les sels fixes sont tres propres à produire ces maux, qui ne dépendent que de la corrosion. Celuy qui fait les ulceres malins ou le cancer, est un caustique naturel extremément corrosif, & celuy qui fait la mortification entiere ou la gangrene, est encore plus rongeant, puis-qu'il romp entierement la tissure des parties. Il est de plus fixe, puis-qu'il arrête entierement le mouvement des esprits, & les éteint sans ressource.

Le sel fixe ne fait ces ravages, que quand il est porté aux parties externes, & qu'il s'y arrête ; les externes sont moins sujettes à ces mauvais effets ; 1. Parce que leurs conduits étant plus ouverts par une chaleur plus vigoureuse, que l'abondance du sang & des esprits y allume, les parties grossieres du sel fixe, ou les grumeaux qu'elles peuvent faire dans les humeurs, ne s'y arrêtent pas si facilement. 2. Et parce que l'abondance des esprits, qui regnent dans les visceres, les adoucit & leur ôte leur corrosion. L'esprit de nitre que Basile Valentin rend assez innocent pour être pris par la bouche, en le faisant circuler long-temps avec l'esprit de vin fort rectifié, fait voir que les esprits volatiles & sulphurez comme ceux de l'alkali, sont capables d'ôter aux esprits & sels fixes leur corrosion, ou leur malignité. De là vient qu'ils n'ulcerent pas souvent la rate, quoy-qu'ils ayent accoûtumé d'y faire presque leur sejour ordinaire, car ce viscere est dans le petit monde comme une mine de sel fixe, qui de là se repand dans tout le corps par la circulation du sang. Mais la grande quantité d'esprits qu'un nombre presque infini de nerfs y porte, n'empêche pas seulement la coagulation que ce sel fixe y pourroit causer, mais encore l'exaltation de ce principe, qui deviendroit corrosif par son dégagement excessif. Cependant quand cette precaution de la Nature ne l'empêche pas de gagner le dessus aux autres principes, s'il n'est pas assez fort pour faire beaucoup d'obstructions ou d'ulceres, il excite du moins des fermentations violentes dans la rate, & dans les hypochondres pendant cette maladie qu'on nomme Manie ou Melancholie hypochondriaque. Les grandes & longues ébullitions que le jus de limone, le vinaigre, l'esprit de nitre ou de vitriol, & les autres liqueurs chargées d'un acide fixe font avec les coraux, les perles, les coquilles, les terres ou les chaux, sont la figure de ces grandes fermentations que le sel fixe fait lever dans les hypochondres, où les parties terrestres & brûlées de l'atrebile tiennent lieu de terre scellée & de chaux. Cette region est alors gonflée par la rarefaction & l'élevation que la fermentation cause aux humeurs qu'elle contient. Les vapeurs ou les fumées qui partent de cette liqueur boüillonnante, sont la matiere des rapports frequents qu'ont les hypochondriaques; & l'esprit de ces malades se trouble, parce que la tempête des humeurs passe bien-tôt à cette matiere subtile qui a tant de part aux fonctions les plus spirituelles, les nerfs qui la contiennent se trouvant extrémément nombreux dans la rate. Neanmoins ces melancholiques ont de bons intervales, leur raison n'est pas toûjours offusquée par les noires vapeurs de l'atrebile, parce que le sel fixe, qui fait la reverie, n'est pas dans le cerveau, où le raisonnement se forme. Car si la cause de ce desordre est dans le siege de l'ame, l'extravagance est continuelle. L'esprit que la Chymie naturelle tire du sel fixe qui regne dans le sang, se faisant dans le cerveau diverses routes qui broüillent les naturelles, donne occasion à plusieurs pensées déreglées; car ces traces que les esprits ouvrent dans la substance molle du cerveau, sont comme les moules où ils prennent ensuite certaines modifications, par lesquelles l'ame est déterminée à penser plûtôt à une chose qu'à une autre. Or l'esprit de nitre, auquel celuy des maniaques a beaucoup de rapport, se trace des routes fort obliques & fort irregulieres dans le liege qui bouche la bouteille où il est continu.

Cet esprit fixe, qui fait la manie, ne fait point de corrosion dans le cerveau, parce qu'il y est encore adoucy par les sels & les esprits volatiles ou sulphurez qui s'élevent du sang à ce chapiteau de l'alembic. De là vient que les ulceres du cerveau sont fort rares; mais s'il se jette sur les boyaux, ou dans les veines hemorroïdales, il y produit la dyssenterie ou les hemorroïdes ulcerées, s'il est fort exalté & fort acre, & les simples hemorroïdes, s'il n'est capable que d'épaissir & de coaguler le sang, que la pesanteur du sel fixe entraîne vers cette partie basse, & que sa grossiereté empêche de circuler. Cette dysenterie, qui depend de l'atrebile, est ordinairement incurable, & quelque fois contagieuse, parce que le sel de cette humeur maligne, est un caustique qui mortifie & gangrene d'abord la partie qu'il touche, en la rongeant jusqu'aux premiers principes, & en éteignant ou fixant les esprits qui la font vivre, & parce que ce sel corrosif fort exalté a beaucoup de mouvement pour passer d'un sujet à l'autre, & beaucoup d'activité pour agir en tres-petite quantité.

La malignité corrosive qu'on luy donne contre ces parties internes, ne détruit pas la maxime cy-dessus établie, qui porte que les parties externes sont plus exposées à ses funestes effets, que les visceres, ou les esprits volatiles & sulphurez ne sont pas toûjours assez forts pour luy ôter sa corrosion. L'estomach en sent quelque fois les atteintes, aussi bien que les boyaux; son dissolvant même peut devenir corrosif, si l'esprit animal que le nerf y porte, ne l'adoucit quand il est trop exalté dans la faim canine, la melancholie, ou la manie. Ce viscere est trop prés de la mine du fel fixe, pour n'en avoir pas fa bonne part. On ne pretend pas pourtant que ce vaiffeau qu'on nomme Vas-breve, & qui ne porte rien à l'eftomach, puis-qu'il eft une veine, contribuë rien à cette communication de la rate avec l'eftomach ; mais outre le fel fixe que le ruiffeau de la circulation y porte aprés s'en être chargé dans cette mine, il en peut encore recevoir par la penetration des parties les plus petites, qui compofent ce mineral. Car on le repete encore un coup, ce principe n'eft pas nommé fixe par oppofition au mouvement de fes parties, mais par la vertu qu'il a d'arrêter celuy des efprits animaux. Les efprits de nitre, d'alum, de vitriol, de fel marin, tirez par le feu de reverbere, affez femblable par fa violence à celuy qui brûle les entrailles des atrebilaires, ne laiffent pas d'avoir leurs parties dans un mouvement continuel, qui les rend capables d'ébranler les parties des corps qu'ils divifent, quoy-qu'ils foient nommez fixes. Ainfi les efprits ou fels qui regnent dans les perfonnes où l'atrebile domine, joignent à la vertu qu'ils ont de fixer, une agitation confiderable, par laquelle leurs parties peuvent paffer d'un membre à l'autre, le * corps de l'animal étant tout percé comme un crible. Parvenus dans l'eſtomach, ils y peuvent ronger l'endroit auquel ils s'attachent le plus. On trouva dans l'eſtomach de feu Monſieur Peliſſari trois ou quatre eſcarres ſemblables à celles que la pierre de cautere fait. Si ce ſel rongeant s'en prend à l'orifice ſuperieur du ventricule, ſa premiere impreſſion cauſe de grands maux de cœur ; la ſeconde des pamoiſons & des ſyncopes ; & la troiſiéme la mort, à cauſe du grand nombre de nerfs dont cet endroit eſt tiſſu, & de la grande ſympathie qu'il a avec le cœur, par la communication du même nerf.

* Τὸ σῶμα παν-ροον παντί-νεον. *Hipp.*

Toutes les parties du bas ventre, où le ſel fixe eſt precipité par ſon propre poids, ſont ſujettes à ſentir ſes funeſtes effets. L'abondance du ſoufre balſamique, & de l'eſprit volatile, les en défend bien le plus ſouvent, mais non pas toûjours, puiſqu'on voit des ulceres dans la rate, le foye, le pancreas, le mezentere, les reins, la veſcie, la matrice, &c. La rate étant la ſource du ſel fixe, ſeroit plûtôt rongée par la corroſion que ſon exaltation luy donne, ſi l'abondance d'eſprits qu'une grande quantité de nerfs y verſe, ne luy ſervoit de frein, & les parties de ce sel rongeant assilées comme des rasoirs, devroient découper le foye extrémément tendre, si le soufre qu'elles y trouvent n'en embourroit la pointe. C'est pour cela que le baume de soufre est si bon contre les ulceres. Mais si ces défenses naturelles ne mettent pas toûjours ces visceres à couvert de leur malignité, ceux que la Nature n'a pas si bien munis contre leurs mauvais effets, les doivent ressentir plus souvent. C'est la condition naturelle du pancreas, du mezentere, des reins, de la vescie, & même de la matrice. Le suc pancreatique n'est qu'un sel fixe dissout dans quelque peu de phlegme ou de lymphe, qui se filtre à travers cette glande conglomerée. Si son dégagement excessif le rend corrosif, comment est-ce que cette partie peut éviter l'ulcere ? Il est assez ordinaire aussi de voir cette partie ulcerée. Quand l'esprit rongeant de l'eau seconde est surmonté par l'abondance de l'eau qui le détrempe, il n'est pas capable de corrosion ; mais il la recouvre par l'évaporation des parties aqueuses qui l'adoucissoient en l'affoiblissant. Aussi lorsque le sel fixe du pancreas n'est pas en si grande quantité que la lymphe, qui luy sert de vehicule, il est assez innocent: mais si la chaleur excessive des entrailles dissipe le phlegme, dans lequel il est dissout ce n'est plus une eau seconde, mais une eau forte, qui ronge tout ce qu'elle touche. Le mezentere n'est pas à la verité dans ce danger particulier, mais il a sa part à celuy qui est commun à toutes les parties du bas ventre, où le sel fixe & corrosif descend per son inclination naturelle. Et la corrosion qu'il y peut faire, est d'autant plus à craindre, qu'il est presque impossible qu'en ouvrant quelqu'un des vaisseaux qui s'y trouvent en tres-grand nombre, elle ne donne la mort à l'animal. Outre la risque que tous les visceres naturels courent d'être ulcerez par le sel fixe que sa pesanteur y porte, les reins en courent une qui leur est particuliere. Le phlegme du sang chargé de tous ces sels, qui s'y fondent, se filtre dans leur couloir, dont les conduits sont si étroits, que c'est une merveille que ces principes grossiers ne s'y arrêtent toûjours, comme le sel marin demeure dans les terres où l'eau de la mer se filtre. Les ureteres où cette liqueur saline ne fait que passer, n'en peuvent pas être si facilement alterez, mais la vescie qui la garde d'ordinaire assez long-temps, pour donner loisir à ses sels fixes d'operer, est autant ou plus sujette aux ulceres que les reins. Si ces sels ne sont pas assez exaltez pour ronger, & qu'ils trouvent des parties terrestres qui les absorbent, ou des glaires, qui les unissent ensemble par le moyen de leur glu, il s'en forme des pierres, qui se trouvent à la verité plus souvent dans les reins & dans la vescie, où les sels fixes, les parties terrestres, & les phlegmes, dont elles sont composées, descendent par leur propre poids, que dans les autres membres, qui ne sont pas pourtant toûjours exempts de ces petrifications. On trouva six pierres dans le poumon de feu Monsieur de Lamoignon, Premier President au Parlement de Paris. On a veu une glande pineale petrifiée. En un mot, il n'est point de partie dans nôtre corps, qui ne puisse devenir une carriere, & qui ne l'ait été en effet par le dépôt des sels fixes, qui ont petrifié les humeurs qu'ils y ont trouvées. Et si l'on n'ajoûte pas foy à l'histoire de la Pleureuse de Pierres, dont le Journal des Sçavans a parlé, ce n'est pas pour l'impossibilité de la chose, mais parce que l'imposture en fut découverte. Neanmoins on tombe aisement d'accord pour les raisons alleguées, que la vescie est la carriere la plus ordinaire du petit monde.

La scituation de la matrice étant à peuprés la même que celle de la vescie, la rendroit bien propre à recevoir le sel fixe, qui va toûjours en bas, s'il n'est élevé en haut contre son penchant naturel; mais les serositez qui le fondent & le portent dans la vescie, où elles se vont rendre comme à leur grand bassin, rendent ce reservoir de l'urine plus sujet aux petrifications. Cependant le sel fixe, & sur tout l'acide, fait beaucoup d'autres desordres dans la matrice. Tantôt il en bouche les canaux par les caillaux qu'il forme dans le sang, & cause la suppression des mois, & les pâles couleurs aux femmes. Tantôt plus dégagé, il excite de prodigieuses fermentations dans les humeurs de ce viscere, & ces ébullitions se repandent bien-tôt dans tout le bas ventre, qui en est fort gonflé pendant la suffocation de mere. Quelque fois encore plus exalté, il piquote les nerfs de la matrice, qui en entre dans des mouvemens convulsifs, qui font croire aux femmes qui les souffrent, qu'elles ont un enfant, ou a quelque animal dans le corps. ἀϋπερ
La tempête qui s'éleve dans les esprits à ὑπερ

τὸ ζῶον
ἐν τῷ
ζώῳ.
Plato.

l'occasion de cette convulsion, passe bien-
tôt à ceux du cerveau, & troublant les
mouvemens reguliers desquels dependent
les fonctions animales, elle jette les malades dans la reverie. Enfin, quand le dernier degré d'exaltation la rendu fort corrosif, il ronge les tuniques de la matrice, &
y fait des ulceres, ou des cancers. Ceux-
cy viennent le plus souvent des schirres que
ses coagulations y forment, & dont les
sels fixes deviennent enfin extrémément
rongeans par leur exaltation, ou par les fermentations qui les aiguisent en les faisant
entre-froter souvent.

Lues
Vene-
rea.

Les ulceres Veneriens commencent ordinairement par cette partie, non seulement
parce que la contagion, qui donne le plus
souvent le mal de Venus, a coûtume d'entrer par là, mais encore parce que les sels
fixes, qui font la verole, sont entraînez en
bas par leur propre pesanteur. Les coagulations que la cause de cette maladie produit dans les nœuds, les exostoses & les
autres tumeurs veroliques, ne permettent
pas de douter, qu'elle ne consiste dans un
acide fixe & fort corrosif, à l'extinction ou
mortification duquel il faut un puissant alkali, comme celuy de l'argent vif. Si ce
sel

sel fixe qui coagule les humeurs, & ronge les parties solides, comme l'esprit de nitre, ou de vitriol, s'arrête à la surface des parties, qui méritent d'en sentir les premieres atteintes, pour être les instrumens de ce crime, qui luy donne la naissance. Il y fait des ulceres superficiels, qu'on nomme chancres, où l'on remarque la dureté, la blancheur, & la douleur extraordinaire, comme des caracteres qui les distinguent des autres ulceres. Leur bord est dur par la coagulation que le sel fixe y fait des humeurs qu'il y rencontre. L'esprit fixe du nitre qui a beaucoup de conformité avec celuy de la verole, syringué dans les veines, caille si promptement le sang, & le rend si ferme, qu'on l'en peut tirer solide comme un bâton. Si le sel verolique n'est pas assez exalté pour pouvoir ronger, il ne fait que coaguler les humeurs, d'où viennent ces duretez qu'on appelle des porreaux, qui ne sont pas douloureux, parce que le sel qui les produit, n'a pas ses pointes assez affilées pour irriter les nerfs & les membranes. Mais la douleur des chancres est insuportable, parce que le sel qui les forme, est un caustique extrémement rongeant par ses pointes extraordinairement aiguisées.

F f

Pendant que la partie grossiere du Virus s'arréte à la superficie, la plus subtile penetre en dedans, & rongeant comme un caustique ces petites vescies, c̣ : sont le reservoir de la semence, cause ce flux à qui l'on a donné le nom de Gonorhée, dont le pus corrosif par ce sel malin dont il est chargé, enflamme & ronge l'uretre, par laquelle il coule. Mais si l'esprit verolique passe encore au delà des vescies destinées à garder la semence, & qu'il penetre jusqu'aux aines ou aux testicules, il donne la naissance aux bubons, aux inflammations, aux tumeurs & aux duretez de ces glandes, qui rendent témoignage au sexe masculin. La dureté accompagne d'ordinaire ces accidens, parce que le sel ou l'esprit fixe qui les cause, coagule fort les humeurs, qui pour cette raison ne viennent pas facilement à suppuration, caractere essentiel des tumeurs veneriennes.

Enfin, si le venin venerien penetre jusques à la masse des humeurs, il l'infecte, & la corruption generale qu'il porte par tout le corps, fait la grosse verole. D'abord cet acide fixe fait des coagulations du sang, dont les grumeaux ne pouvant plus circuler par les canaux étroits qui sont sous la

Τῆς γόνης ῥόια.

peau, ont coûtume de s'y arrêter en forme de boutons. Ensuite ce principe congelant passant des humeurs aux parties solides, s'attache principalement aux os où le sel fixe abonde, la ressemblance des sels les unissant ordinairement. Et comme le periostre a le sentiment extrémement vif, le sel caustique de la verole luy cause par ses corrosions des douleurs, qu'on ne sçauroit exprimer. Elles se distinguent des autres douleurs par l'augmentation fort sensible que la nuit leur apporte, & par le lieu qu'elles occupent. La chaleur du lit mettant en mouvement les sels qui les excitent, les pousse contre les membranes comme autant de lancettes, qui les déchirent. Ils ont plus besoin de ce secours pour produire leur funeste effet, que les sels de la goute, parce qu'étant encore plus fixes, comme il paroît par la dureté prodigieuse des exostoses, ils doivent être ébranlez par une cause étrangere pour agir. Neanmoins comme les corps qui coûtent le plus à remuer prenant un plus grand branle, font une plus forte impression sur celuy qui soûtient leur choc, aussi les sels veroliques ayant plus de corps que ceux qui font la goute, causent des douleurs beaucoup plus sensibles.

Πόνοι οσεχέπος.

c'est la mēbrane dont l'os est revêtu.

La douleur de la verole ne se distingue pas seulement par sa violence de celle de la goute, mais encore par l'endroit qu'elle attaque, la goute s'en prenant aux jointures, & la verole au milieu des os & des muscles. Il n'est pas aisé de rendre raison de cette difference, si l'on ne la prend de la diverse penetration des sels, qui produisent ces maladies. Celuy de la verole étant plus penetrant, peut entrer jusques aux moëles, & celuy de la goute moins affilé, est obligé de s'arrêter aux jointures dont la froideur naturelle le coagule. Si l'on a dit que la goute & la verole sont cousines germaines, ce n'est pas seulement parce que la pluspart des goutes ont un grain de venin verolique, mais encore parce que ces deux maux sont causez par un même sel fixe, qui se trouve en differens états. On peut conjecturer de là que le flux de bouche, qui guerit la verole, viendroit encore plus aisement à bout de la goute.

Aprés avoir parlé des ravages que fait le sel fixe, il semble que l'ordre naturel demanderoit qu'on expliquât icy les mauvais effets que produit le volatile ou l'acre. Mais parce qu'en parcourant le regne du sel fixe, on trouvoit à chaque pas le phlegme qui partage ordinairement la domination avec luy, on differera le discours du sel volatile, jusqu'à ce qu'on ait décrit les incommoditez que l'excez du phlegme apporte. L'acide fixe precipitant la serosité du sang comme celle du lait, ce n'est pas merveille que ceux en qui ce sel domine comme les melancholiques, ait beaucoup de phlegme, dont l'abondance se fait connoître par celle de la salive & de l'urine qu'ils rendent. Mais on doit considerer icy les mauvais effets du phlegme excessif, sans avoir égard au sel acide qui en procure la separation, en découpant les parties rameuses du soufre qui le tenoit comme enfermé.

Le premier effet que l'abondance du phlegme produit, est une langueur generale de tout le corps, dont la vigueur depend de l'abondance des esprits, qui sont éteints dans l'eau du petit monde. Pendant un hyver pluvieux la Nature tombe dans une grande foiblesse, les rayons du Soleil, ou les influences des autres astres qui l'animent, perdant presque toute leur force dans un air trop humide. Les esprits méme qui sont enfermez dans le sein de la terre, dans les animaux, les plantes & les mineraux, appesantis par l'humidité que

Μελαγ-
χολι-
κοὶ
πόλλα-
κις ἐπ-
τυον-
τες.
Hipp.

l'air leur porte, n'agiffent qu'avec beaucoup de peine. Les écoulemens que les corps celeftes envoyent aux terreftres comme un principe d'activité, répondent aux efprits qui coulent du cerveau comme du ciel du petit monde dans les parties inferieures : & l'efprit que les corps inferieurs ont dans leur fein, eft comme celuy qui anime les parties, qui font au deffous de la tête. Les uns & les autres de ces efprits, font fort affoiblis par l'excez des humiditez, puifque leur force depend de leur feparation exacte d'avec le phlegme. De là vient que pour fignifier un efprit bien vigoureux & rafiné, l'on dit qu'il eft bien déphlegmé. Pour parcourir donc tous les maux que l'excez du phlegme produit, on fuivra l'ordre que cette analogie du grand & du petit monde femble prefcrire, & commençant par la tête, qui répond au ciel, on defcendra aux autres parties, qui font comme la terre.

Quand le fang eft fort aqueux, le cerveau ne manque jamais d'être trop humide, ce ciel empyrée, où demeure la flam-

Hydrocephale. me fubtile de l'efprit, fe change bien-tôt en ciel cryftallin, c'eft à dire, en un refervoir d'eaux. Quand on diftille quelque liqueur aqueuse, le premier principe qui monte, c'est le phlegme, qui pour la même raison, tient le premier rang dans la sublimation que le Soleil du Printemps fait des principes vegetatifs hors du sein de la terre humectée par l'Hyver precedent. Le sang qui a beaucoup de phlegme, est cette liqueur aqueuse qui se distille dans l'alembic du corps animé, & les parties solides, sont cette terre qui regorge d'humiditez, que le feu des entrailles éleve vers la téte comme vers le chapiteau. Quelle vigueur peut donc avoir l'esprit animal dans un cerveau tout inondé de phlegme ? Le feu ne s'éteindra t'il pas dans l'eau ? Mais on suppose encore que l'esprit se distille bien dans un cerveau trop humide, ou que le sang aqueux en fournit une assez grande quantité. Cependant l'une & l'autre supposition est fausse. Car comme une éponge mouillée seroit mal propre à filtrer un esprit qu'on y voudroit déphlegmer, ainsi le cerveau remply de phlegme, n'est pas bon à rafiner l'esprit animal. Et le sang fort sereux est comme un vin foible, ou comme de la piquete, qui ne sçauroit rendre une goute d'eau de vie. L'excez du phlegme empêche encore en deux manieres la formation de l'esprit, en ralentissant la fermentation qui le doit dégager, & en éteignant le feu vital, qui du cœur comme de la cucurbite d'un alembic, le doit pousser vers la tête, qui fait l'office de chapiteau. Mais quand un sang humide & froid rendroit beaucoup d'esprit, ne s'étoufferoit-il pas dans l'étang qu'il trouve dans le cerveau ? Il faut donc que le mouvement & le sentiment, qui demandent un esprit abondant & vigoureux, soient fort languissans dans le temperament humide, où le phlegme l'emporte sur l'esprit ; puis-qu'un moulin à vent se mouvroit aussi-tôt sans vent, que les muscles ou les ressorts de la machine animée sans esprit. Et les organes des sens privez du principe qui les fait joüer, ne different guere de ceux des statuës. Mais comme il faut encore plus d'esprits pour les fonctions principales, les personnes froides & phlegmatiques ont l'imagination fort peu feconde, le raisonnement pesant & la memoire malheureuse. Cependant ces défauts ne passent pas pour des maladies, qui font le principal sujet de nôtre discours. Voicy celles que le phlegme cause ordinairement dans le cerveau ; aveuglement, surdité, défaut d'odorat, assoupissemens,

pissemens, paralysie, apoplexie, hydrocephale.

Les nerfs qui vont aux organes des sens sont comme des canaux, qui partent du cerveau comme de leur reservoir : & comme la liqueur qui se trouve dans le bassin, coule naturellement dans les tuyaux; ainsi le phlegme du cerveau doit descendre aisément dans les nerfs. Les optiques ayant une tissure plus serrée, luy donnent un passage moins facile. Neanmoins si le relachement de leur tissure y laisse entrer l'eau qui croupit souvent dans les ventricules du cerveau, leur cavité se bouchant, ne laisse plus passer l'esprit qui doit animer les yeux, & rapporter par son reflux au cerveau l'impression que l'objet visible luy aura donné. L'aveuglement que cette cause forme, se nomme Goute serene; parce qu'il ne faut qu'une goute de phlegme pour boucher les nerfs visuels, & que cette obstruction ne ternit point l'éclat ou la serenité des yeux.

Les nerfs des narines peuvent bien recevoir le phlegme du cerveau plus facilement que les optiques, puisque ceux-cy n'ont pas de cavité sensible comme la leur. Cependant l'eau qu'on trouve ordinairement dans cette cavité, ne fait pas perdre l'odo-

Gg

rat, puis-qu'elle ne ferme pas les conduits de l'esprit, mais plûtôt celle qui s'imbibe dans les filets qui font autour d'elle. Car les obstructions que les serositez y causent, sont autant de digues qui arrêtent l'influence des esprits, par lesquels on flaire, ou comme autant de corps opaques qui empêchent la lumiere animale de luire, pour ainsi dire, dans l'organe de l'odorat. Je connois une personne dont le nez toûjours humide, n'a jamais senty d'odeur. Cette privation est assez rare, parce que les humiditez, qui la pourroient causer, trouvant un égout assez ouvert, ne glissent guere dans l'insensible cavité des filets nerveux.

La surdité, qui depend de l'obstruction que le phlegme fait dans la septiéme paire de nerfs, est beaucoup plus ordinaire, parce que le cervelet d'où les nerfs auditifs partent, est plus bas que le cerveau, qui luy envoye ses serositez, sur tout quand on est couché sur le dos.

La même eau coulant dans le nerf du palais, ou dans la langue, rend l'animal incapable de savourer. On a veu des personnes qui sentoient l'appetit sans trouver aucun plaisir aux alimens qu'ils machoient, & qu'ils avaloient seulement par raison,

& non par volupté.

Le sentiment de l'attouchement dependant d'un infinité de nerfs, qui ne peuvent pas être aisement bouchez tous à la fois, ne se perd pas si souvent que l'usage des sens, qu'on vient de parcourir. Il est pourtant fort affoibly par l'excez du plegme. De là vient que les personnes froides, qui en ont beaucoup, sont d'ordinaire fort insensibles.

Puisque la veille n'est que l'exercice des sens dont l'action est fort engourdie par l'abondance des serositez, où l'esprit s'éteint, le sommeil excessif ou l'assoupissement doit être ordinaire à ce temperament. On voit aussi que les enfans, les vieillards & les femmes, dont le corps est fort humide, dorment plus que les autres personnes. Si le phlegme n'inonde que la partie cendrée du cerveau, l'on en est quite pour un assoupissement, duquel on revient par de fortes piqueures, qui ébranlant les esprits encore contenus dans le corps calleux, les éminences canelées, & la moële alongée sous le cerveau, les font couler dans les organes des sens. Mais il est une espece d'assoupissement, qui tient fort de la veille, *Coma vigil.* parce qu'on en revient pour si peu qu'on

G g ij

pinſe, ou qu'on appelle le malade. Il eſt cauſé non par l'extinction de l'eſprit, mais par la compreſſion ou l'affaiſſement de ſes routes. Une trop grande quantité de ſang ou de quelque autre humeur peſant ſur le cerveau, preſſe les conduits des eſprits, qui ne peuvent plus y couler pour aller aux organes des ſens, à moins qu'un objet un peu violent les ébranle, & leur donne aſſez de mouvement pour ſurmonter la reſiſtance qu'ils trouvent à l'entrée de leurs routes. Mais ce mouvement étranger qui les tenoit dilatées ceſſant, laiſſe affaiſſer bien-tôt ces conduits, & retomber le malade dans l'aſſoupiſſement.

Celuy qui depend de l'extinction de l'eſprit dans le phlegme, qui penetre juſqu'au corps calleux, eſt beaucoup plus profond & plus opiniâtre.

L'abondance du phlegme ne fait pas moins de deſordre dans la poitrine que dans la tête. Le cœur, qui ne reçoit que des eſprits fort affoiblis par cette eau, ne peut battre qu'avec beaucoup de langueur. On y ſent une peſanteur inſuportable, non ſeulement par la peine qu'il a à ſe mouvoir, mais encore parce que le ſang aqueux ne ſe fermentant pas bien dans le cœur, n'a pas assez de mouvement pour en sortir. De là viennent les maux de cœur, les syncopes, les oppressions, & les palpitations même. Si le cœur a quelque force, quoy qu'insuffisante pour le décharger de ce fardeau, il ne laisse pas de faire des efforts inutiles, pour chasser hors de ses cavitez cette humeur pesante qui l'accable. Et cet effort impuissant que l'irritation luy fait faire, n'est autre chose que la palpitation. Cet accident est ordinairement suivy de la difficulté de respirer, parce que le mouvement du poumon est fort aidé par celuy du cœur, qui de plus doit pousser le sang qui roule dans les vaisseaux du poumon, où il croupit quand ce secours luy manque. Pour la même raison la courte haleine & les soûpirs, sont les avant-coureurs de la pamoison, & de la mort même, qui n'est autre chose que la derniere syncope. Le cœur languissant laisse arrêter le sang dans le poumon, à qui ce poids ôte la liberté du mouvement.

Cette humeur aqueuse, qui ne peut pas bien s'allumer dans le cœur, n'est pas seulement une cause interne de sa langueur, il en fait encore une cause externe. Les corps humides poussent ordinairement beaucoup de vapeurs quand on les fait chauffer ; le feu vital éleve auſſi d'un ſang trop phlegmatique une grande quantité de vapeurs, qui paſſant par les pores du cœur, vont s'épaiſſir en eau contre le pericarde, dans la cavité duquel cette humidité s'amaſſe & forme une hydropiſie particuliere, qui s'oppoſant à la dilatation du cœur, cauſe une palpitation incurable, des frequentes pamoiſons, & la courte haleine.

Les mêmes vapeurs qui font l'inondation du pericarde, forment ſouvent un étang dans le poumon, ou dans la cavité de la poitrine. La grande diſpoſition qu'elles ont à s'épaiſſir, fait qu'elles ſe convertiſſent en eau à la rencontre de l'air frais qu'on reſpire. C'eſt une eſpece de pluye qui retombe dans les tuyaux du poumon, & dont une partie s'épaiſſit, & embourbe tellement les bronches, qu'ils ne peuvent plus recevoir d'air. Voila la cauſe la plus ordinaire de l'Aſtme. L'autre plus coulante, penetrant les membranes du poumon, ſe jette dans la cavité de la poitrine, pour y former une hydropiſie, qui rend la reſpiration fort difficile en ôtant la liberté du mouvement au diaphragme, ſur lequel elle peſe, & au poumon dont elle empéche la dilatation. Toutes ces hydropifies se peuvent encore former par le suintement des serositez à travers les tuniques des vaisseaux qui les contiennent Mais l'une & l'autre de ces causes suppose l'abondance du phlegme dans le sang. La rupture même de quelque vaisseau lymphatique qui verse souvent la matiere des hydropisies, est une suite assez ordinaire de l'excessive humidité qui regne dans le corps, la plenitude qui fait crever les vaisseaux lymphatiques, étant presque toûjours jointe avec le temperament aqueux.

Mais comme la serosité ne se separe jamais du lait, sans que celuy-cy se caille, ainsi le phlegme ne sort guere de la masse du sang, sans qu'il y arrive quelque coagulation propre à former ces obstructions, qui d'ordinaire contribuent à l'hydropisie. Le torrent de la circulation arrêté par ces digues, s'enfle, tend les vaisseaux par où il coule, & dilate les pores de leurs tuniques, qui laissent échaper la serosité, dont l'épanchement fait un étang dans la cavité, qui la reçoit. C'est la cause la plus ordinaire de cette hydropisie qu'on nomme Ascite, du mot Grec, Ασκος. qui signifie un outre, avec laquelle le ventre d'un hydropique a beaucoup de rapport.

Cette region est plus sujette que les autres à être inondée, non seulement parce que les impuretez qui causent les obstructions y sont entraînées par leur propre poids, mais encore parce que le sel acide, qui les produit le plus souvent par la coagulation des humeurs, a ses mines dans le bas ventre. Enfin, toute l'eau du petit Monde s'y va rendre, entraînée par sa pesanteur vers les égouts que la Nature y a crusez. Les lieux voisins des rivieres, doivent plus craindre les inondations que ceux qui en sont éloignez. Or les canaux ou les reservoirs de l'eau qui coule dans le petit monde, ne se trouvent que dans le ventre, où sont scituez les reins, les ureteres & la vescie. Ces tuyaux ou ces bassins en sont quelque fois si pleins dans les personnes qui ont beaucoup de plegme, qu'ils en regorgent & repandent dans la cavité inferieure la matiere d'une inondation.

Et comme dans le grand Monde il tombe rarement de pluye considerable, qui ne soit accompagnée de quelque vent, aussi dans le petit il ne se fait guere amas d'eau qui ne soit mélée de flatuositez, que la chaleur des entrailles en éleve en subtili-
sant

fant la partie la plus déliée du phlegme. Voila pourquoy le Tympanite va d'ordinaire avec l'Afcite, quoy-qu'il puiſſe en être ſeparé, quand cette tumeur du ventre depend plûtôt d'un gonflement convulſif, ou de l'exploſion des eſprits & du ſuc nerveux, que des ſeroſitez repanduës dans cette cavité.

Mais ſi l'abondance du phlegme n'eſt pas toûjours la cauſe du Tympanite, elle l'eſt inconteſtablement de cette hydropiſie generale, qui porte le nom de Leucophlegmatie. Ce mot ſignifie une blancheur ou pâleur cauſée par l'excez du phlegme dont tout le corps eſt inondé. Il ne ſerviroit pourtant de rien que la maſſe du ſang abondât extrémément en ſeroſitez, s'il n'y avoit quelque ſel precipitant qui l'en ſeparât. Et quand cette ſeparation ſeroit faite, il ne ſe formeroit pas d'hydropiſie univerſelle, ſi les piſtons qui font rouler les humeurs dans le corps les pouſſoient vigoureuſement pour ne les laiſſer pas croupir aux extremitez. Mais l'abondance du phlegme, le ſel precipitant & la foibleſſe des viſceres, qui doivent entretenir la circulation des humeurs, ſe rencontrent ordinairement enſemble. L'excez des ſeroſitez eſt ſouvent un effet de l'acide qui les precipite. De là vient que les melancholiques dans le sang de qui l'acide prédomine, salivent & urinent beaucoup. Et l'une & l'autre de ces causes affoiblit le mouvement des visceres, le phlegme en noyant l'esprit qui les doit faire joüer, & le sel acide en fixant ce mobile universel de tous les ressorts animez.

Enfin, l'excez du phlegme gâte toutes les fonctions du corps & de l'ame même, qui ne fait aucune operation sans le secours des esprits appesantis, & presque éteints dans l'eau. Le battement du cœur, des arteres & du poumon, dependant du même mobile, ne peut qu'avoir part à sa foiblesse. Les levains de tous les visceres affoiblis par l'excessive humidité, ne sçauroient qu'exciter des fermentations insuffisantes. Celuy de l'estomach ne dissout qu'avec peine les alimens, dont il ne se fait qu'un chyle grossier, qui ne pouvant passer par le filtre des boyaux dans les veines lactées, s'écoule par le dos dans la passion cœliaque, si quelque autre suc impur ne le corromp pour en faire la matiere de quelque autre flux. Le dissolvant de l'estomach fait encore quelque fonction, il piquote les membranes & les nerfs de l'estomach, & fait naître dans l'ame cette pensée qu'on appelle appetit. Il divise même les alimens, & les convertit en cette crême qu'on nomme Chyle. Mais quand il est entierement noyé, l'estomach ne sent plus sa piqueure, & les alimens qui ne peuvent en être dissouts, sortent par le bas en la même forme qu'ils sont entrez. Cette maladie se nomme Lejenterie, parce qu'elle suppose que la surface interne du ventricule & des boyaux, est si glissante, que les alimens ne s'y peuvent pas arrêter assez long-temps. En effet, l'estomach relaché par les humiditez dont ses fibres sont imbibées, & enduit par les mucositez que le chyle indigeste y laissoit au commencement de cette maladie, ne peut pas retenir ce qu'il reçoit.

Λἒιον εντερον.

D'un mauvais chyle, il ne se forma jamais de bon sang ; comme d'un méchant moust, il ne se fait pas de bon vin. La fermentation qui doit changer le chyle en sang, est si foible par l'extinction de l'esprit qui la doit exciter, qu'elle est incapable de faire cette metamorphose.

Le moindre mal qui peut en arriver, c'est que les principes qui peuvent se changer en la substance du corps, n'étant pas

244 HISTOIRE

assez dégagez par les fermentations precedentes, le sang qui s'en produit, est incapable de nourrir le corps. Quand ces principes même seroient assez débarrassez des parties grossieres, l'excez du phlegme les empêcheroit toûjours de s'ajuster pour la composition du corps, dont la nourriture a quelque rapport avec la crystallisation que l'excez des parties aqueuses empêche infailliblement. Si les serositez n'empêchent pas cette conversion, & qu'elles prennent la route des urines, elles en dilatent tellement les canaux, que trouvant dorenavant une grande facilité a y passer, elles y coulent incessament, & font cette maladie que les Medecins nomment Diabete, parce que l'uretre par où elles sortent, est alors comme une syringue, qui verse d'eau presque à tous momens. Le muscle circulaire qui ferme la vescie, relaché par une trop grande humidité, ne peut plus faire sa fonction dans cette maladie, où l'urine coule presque incessament.

Syringue.

Incontinence d'urine.

Tous ces maux sont ordinairement causez par l'abondance du phlegme, precipité le plus souvent par un sel acide fixe. On va décrire en peu de mots ceux qui dépendent du sel volatile acre.

Comme son inclination naturelle le porte à se sublimer vers la tête, c'est aussi la partie qui en souffre la premiere. Ses meninges & ses nerfs piquotez par la pointe de ce sel, se tremoussent, & leurs secousses font une douleur commune à toute la tête, si toutes ses membranes sont irritées en même-temps, ou particuliere à un côté, s'il n'y a que la moitié de la tête qui souffre cette irritation. Les meninges & les nerfs, ne peuvent que faire part de leurs mouvemens aux esprits qui y sont contenus. De là viennent les inquietudes, les insomnies, les reveries. Le repos du corps suppose necessairement celuy des esprits, dont la tranquillité est encore absolument necessaire au sommeil, & leur mouvement regulier aux fonctions qui tiennent le premier rang entre celles qu'on nomme animales. On voit donc par là pourquoy les sels volatiles, qui font lever une espece de tempête dans les esprits, produisent l'inquietude, la veille & le délire même. Encore faut il qu'ils n'ayent qu'une acreté mediocre pour ne produire que ces maux, car s'ils deviennent encore plus acres, ils feroient des convulsions, ou du moins des mouvemens convulsifs, & des épilepsies. On ne sçau-

Cephalalgie.

Migraine.

roit piquer une partie sensible sans qu'elle se tremousse. Quelle partie a le sentiment plus vif que les membranes du cerveau, qui le donnent à tout le reste du corps? Les nerfs mêmes ne sentent que par elles, puisque leur partie moëleuse n'a point de sentiment dés qu'elle est dépoüillée de cet étuy que les meninges luy font. Et comme toutes les membranes du corps ont une étroite liaison avec elles, il est impossible qu'elles ne prennent part aux mouvemens violens que l'irritation des sels acres leur cause. De là vient que leur piqueure ébranle tout le corps dans les convulsions generales, ou dans le mal caduc.

Quoy-que la volatilité de ces sels les éleve ordinairement vers la tête, les autres parties ne sont pas pourtant exemptes de leurs piqueures. Ils ne sont pas toûjours assez dégagez pour s'en voler vers ce chapiteau de l'alembic naturel, l'embarras des autres principes qui leur servent d'entraves, les arrêtant dans les parties basses. S'ils se trouvent en grande abondance, ils piquotent à même-temps toutes les membranes du corps, & excitent des démangeaisons & des inquietudes universelles. S'il ne s'en trouve que dans quelque partie, on y sentira une démangeaison particuliere, ou quelque piqueure semblable à celle d'une épingle, ou d'une aiguille.

Cet accident arrive plus souvent dans les parties externes, que dans les internes, parce que le torrent de la circulation étant plus lent dehors que dedans, les y laisse arrêter assez long-temps pour y faire leur effet, outre que la petitesse des canaux qui sont prés de la surface du corps, & la fraicheur de l'air exterieur, contribuent quelque fois à les y arrêter. S'ils y font un séjour considerable, ils ne manquent jamais d'y faire des erysipeles, des dertres, & des ulceres mêmes. Ce n'est pas pourtant que les visceres soient entierement à couvert de leur irritation. Le cœur même n'a pas ce privilege, puisque ses palpitations ou ses mouvemens convulsifs, sont souvent un effet de leur acreté. Le poumon s'en tremousse souvent dans ses toux convulsives. L'orifice superieur de l'estomach en est encore plus souvent attaqué, parce que ces sels s'y subliment de la bile, que le Canal Biliaire verse au dessous du Pylore. Et cette irritation de l'estomach est ordinairement suivie du mal de cœur, qui se trouve joint à cet orifice par le moyen des nerfs.

On ne prétend pas au reste que le seul acre volatile puisse produire ces accidens, l'acre fixe y peut avoir aussi sa part. Il y a même de l'apparence qu'il est la cause la plus ordinaire des maux que son acreté fait naître au dessous de la tête. L'opiniâtreté avec laquelle il s'attache aux tuniques des boyaux, du foye, des reins, des ureteres, de la vescie, de la matrice, est souvent la cause des Dyssenteries, des Tenesmes, des Coliques, des ardeurs d'urine & des inflammations funestes, qui s'allument dans toutes ces parties qu'on vient de nommer. Et quoy-que la rate soit munie d'un acide, qui est un remede naturel contre les mauvais effets du sel acre, elle ne les évite pas toûjours. Ceux qu'il produit dans la poitrine, sont bien plus dangereux, non seulement parce que les parties qu'il y attaque sont plus necessaires à la vie que toutes les autres, mais encore parce que ce sel passant par le crûset du cœur y prend une nouvelle acreté. Il s'y aiguise par la fermentation que le sang, qui le porte, y souffre. En sorte que ses parties sont comme autant de lancettes bien affilées, qui poussées par le ressort du cœur, vont déchirer les membranes du poumon, ou de ses vaisseaux, qui versent

sent un deluge de sang pour la Peripneumonie. Ces mêmes sels se fichans dans la pleure, ou dans la membrane, qui tapisse interieurement la poitrine, y donnent occasion à la Pleuresie. Enfin, quelque part qu'ils s'arrêtent, ils y produisent l'inflammation, ou du moins la douleur. C'est un veritable caustique par luy-même. L'acide qui par les coagulations qu'il cause au sang, peut arrêter sa circulation, en faire enfler le ruisseau, & donner occasion à quelque épanchement, peut exciter aussi les inflammations dont on vient de parler, mais le plus souvent il n'en est cause que par accident.

Comme les principes actifs peuvent faire beaucoup de bien tant qu'ils demeurent dans les bornes que la Nature leur a prescrites, ils causent aussi de grands maux dés qu'ils en sortent. Au lieu que les principes passifs, qui ne font que peu de bien, ne font pas aussi grand mal, ou du moins ne produisent guere de maladies violentes. Ils peuvent bien être une cause de langueur, mais rarement de douleur. On a prouvé cette verité à l'égard du phlegme par l'énumeration qu'on a faite des maux ausquels il donne occasion afin que la preuve en soit

complete, il faut parcourir les incommoditez qui doivent leur naiſſance à l'excez de
la tête-morte, ou de la partie terreſtre.

D'un ſang trop groſſier, il ne s'en peut
tirer qu'une tres-petite quantité d'eſprit,
qui ne ſuffit ni pour le mouvement, ni pour
le ſentiment, & beaucoup moins pour les
fonctions principales de l'ame, dont l'exercice en demande une plus grande abondance. La perſonne en qui ce principe terreſtre domine, a donc le mouvement languiſ-
ſant, le ſentiment émouſſé & l'eſprit peſant.
Elle eſt ſujette aux aſſoupiſſemens, aux pa-
ralyſies, aux apoplexies. Car les humeurs
extremément groſſieres donnant tres-peu
d'eſprits au cerveau, fourniſſent de plus aux
nerfs une abondante matiere d'obſtructions.

Les premieres qu'elles forment, ne ſont
pas dans les nerfs. Les arteres & les veines,
où le ruiſſeau bourbeux de la circulation a
peine à circuler alors, en ſont plûtôt bouchez. Ces vaiſſeaux faiſant une infinité de
détours dans tous les viſceres, le ſang s'y
arrête plus aiſément que dans les autres
parties. Le cerveau, qui forme un agreable labirinte par l'entrelaſſement de ſes arteres carotides & vertebrales avec les ramifications des veines jugulaires, en auroit

ses tuyaux bouchez, aussi bien que les autres parties internes, si le sel volatile & l'esprit qui s'y trouvent en plus grande quantité qu'ailleurs, n'aidoient le sang épais à parcourir ce Dœdale.

Les humeurs même qui roulent dans le poumon, ne laissent pas quelque fois d'y croupir, & de s'y durcir en forme de schirre ou de grêle, quoy-qu'elles soient poussées par le ressort du poumon & du cœur. Les entrées & les issuës de celuy-cy, n'en peuvent pas être bouchées à la verité sans que l'animal meure dans le moment, mais ce Roy des visceres en est incommodé d'une autre maniere. Un sang trop grossier ne se fermentant pas bien dans ses cavitez, n'en sort qu'avec beaucoup de peine. On sent alors comme une masse de plomb sur le cœur, qui recueillant ses forces pour secoüer le fardeau qui l'accable, se soûleve, se tremousse, palpite. S'il est victorieux de la resistance qui s'oppose à son mouvement, il rend aux arteres le pouls qu'elles avoient presque perdu par l'interruption de son influence ou de la circulation. Mais s'il succombe dans ce combat, l'animal tombe en pamoison, & quelque fois dans la mort. Mais,

Nonnunquam victis redit in præcordia virtus.

Pendant que le cœur ne bat pas, il s'amasse dans ses fibres une quantité d'esprits suffisante pour recommencer le mouvement de ce ressort, auquel on doit la vie & le mouvement des autres membres.

Si le sang trop épais a peine à continuer son mouvement dans le cœur, qui est le premier mobile du petit monde, comment ne s'arrêteroit-il pas dans les autres parties, qui non seulement n'aident pas sa circulation, mais qui de plus y opposent divers obstacles ? Qui s'étonnera que le foye, où le ruisseau de la circulation est obligé de se détourner à chaque moment, soit ordinairement plein d'obstructions, de schirres ou de duretez ? Le secours de la bile destinée à rendre les humeurs plus coulantes, n'est pas toûjours suffisant pour les empêcher d'y croupir & de s'y coaguler. Le battement de ce grand nombre d'arteres que la Nature a mis dans la rate pour entretenir le mouvement du sang, qui court risque de s'y arrêter par la coagulation de l'acide splenique, ne suffit pas non plus toûjours pour l'y faire rouler. Malgré cette precaution que la Nature oppose au mauvais effet du principe coagulant, on trouve ordinairement ce viscere chargé d'obstructions & de duretez. De là vient que les melancholiques, les scorbutiques, les hydropiques, les hectiques, & les malades de fievre quarte, & la pluspart des vieillards, dont le sang est fort terrestre, ont la rate gonflée & dure.

Le mezentere, où le sang n'a ni le vehicule de la bile comme dans le foye, ni celuy du battement arteriel comme dans la rate, pour aider sa circulation, quoy-que le sang chargé des impuretez du bas ventre roule dans ses canaux, ne les peut avoir parfaitement libres dans un temperament où la partie terrestre tient le haut bout. Et quoy-qu'il soit souvent innocent des maux que les Medecins imputent à ses obstructions, l'accusation n'est pas sans quelque fondement. Le sang qui coule dans ses veines, & dans ses arteres, tout grossier qu'il est, a encore moins de disposition à se coaguler, & à former des obstructions que le chyle encore plus épais, qui ne se caille pas moins facilement que le lait, dont il a la couleur, la douceur & la consistance. C'est pourquoy le mezentere se trouve ordinairement plein de glandes ou de schirres, & sur tout en ceux qui sont morts d'écroüelles, dont la cause consiste en un sel fixe, dont le premier effet, est la coagulation, & le second la corrosion, ou dans l'excez de la partie terrestre. Ostez à ce sel sa vertu caustique, & le joignez avec beaucoup de terre, dont les parties soient liées par quelque peu de phlegme, & vous aurez la cause des pierres qui se forment dans l'animal. Ce mineral du petit monde a sans doute sa principale carriere dans les reins & dans la vescie, où sa matiere est entraînée par sa propre pesanteur, & par le torrent de l'urine, mais il n'est pourtant aucune partie du corps animé, qui n'en puisse être la mine, puisque le suc mineral dont il se forme, c'est à dire, la partie terrestre chargée de sels fixes, s'y peut arrêter.

Voila comment les déreglemens des principes actifs & passifs, sont la source de tous les maux, mais on s'étonnera peut-être que dans l'énumeration qu'on en vient de faire, on n'ait pas parlé de ceux qu'on peut attribuer aux déreglemens de l'esprit qui anime le sang. On répond que l'esprit est un principe si bon & si salutaire, qu'il ne peut jamais tomber dans l'excez. La fievre éphemere qu'on impute à son mouvement déreglé, ne merite presque pas le nom de maladie, puis-qu'elle n'est qu'une fermentation un peu plus forte que l'ordinaire, qui tend à la purification des humeurs.

Pour avoir une Pathologie parfaite, il faudroit découvrir maintenant tous les desordres que l'excez des principes excite dans l'esprit animal, le suc nerveux, la lymphe ; mais le peu de connoissance qu'on a de ces liqueurs, nous oblige à differer cette partie de la Pathologie jusqu'à ce que le sujet en soit plus connu.

In majorem Numinis gloriam.

F I N.

www.ingramcontent.com/pod-product-compliance
Lightning Source LLC
Chambersburg PA
CBHW060643170426
43199CB00012B/1654